程文炳手札釋文箋注

藏書閣古籍整理叢書

李興武　箋注

黃山書社

本書出版獲皖北民俗博物館（程文炳宅院）、潁東區圖書館、
潁東區文化旅遊體育局等單位資助

圖書在版編目(CIP)數據

程文炳手札釋文箋注/李興武箋注.—合肥：黄山書社,2021.4
ISBN 978-7-5461-9401-1

Ⅰ.①程… Ⅱ.①李… Ⅲ.①程文炳-書信集 Ⅳ.①K827=52

中國版本圖書館CIP數據核字(2020)第231124號

程文炳手札釋文箋注
CHENG WENBING SHOUZHA SHIWEN JIANZHU

李興武 箋注

出品人 賈興權
責任編輯 周振華
責任印製 李曉明 李 磊
裝幀設計 熙宇文化
出版發行 時代出版傳媒股份有限公司(http://www.press-mart.com)
黄山書社(http://www.hspress.cn)
地址郵編 安徽省合肥市蜀山區翡翠路1118號出版傳媒廣場7層 230071
印 刷 合肥鋭達印務有限責任公司
版 次 2021年4月第1版
印 次 2021年4月第1次印刷
開 本 700mm×1000mm 1/16
字 數 250千字
印 張 18
書 號 978-7-5461-9401-1
定 價 65.00圓

服務熱綫 0551-63533706
銷售熱綫 0551-63533761
官方直營書店(https://hsss.tmall.com)

程文炳像

武侯祠東南百餘步有阜隆起縱橫十餘丈自後山迤邐
而下至此而氣為之聚蓋隆中旁箸之堆也郡志謂山中
有抱膝亭久圮今舊址不可復覩余脩武侯祠既竣與賓
僚縱覽形勢想當年長吟遠矚惟此間足以當之乃構亭
於其上高四丈有奇周七丈餘及復於其下鑿方塘實以
蓮芡養以魚苗春水方生憑闌兀坐慨然思巾扇之度雖
在小隱未嘗須臾忘天下事焉後之人來游來歌其毋以
沮溺之例視侯而感思侯之别有寄託此則余區區構亭
之微意夫壬辰秋九月文炳謹跋并書

《程文炳手札釋文箋注》編委會

程文炳的一八八八—一八八九年（代序）

一

程文炳（一八三四—一九一〇）字從周，安徽阜陽人。道光三十年（一八五〇），應募入潁州府衙鄉團。次年，投袁甲三軍，爲馬隊先鋒，後因軍功升至守備。此後，又因平捻有功，於同治二年（一八六三）補潛山營遊擊，同治五年（一八六六）擢貴州清江協副將，十二年（一八七三）授江西九江鎮總兵。光緒二年（一八七六）因病開缺，回籍養疴。次年，捐鉅資賑濟陝西、山西災荒，受一品封典。六年（一八八〇），奉旨陛見，發往江南交劉坤一委用，次年出任江西南贛鎮總兵。九年（一八八三），擢湖北提督。十年（一八八四），會中法戰事起，統兵赴守江陰、崇明，旋改赴福建厦門，備援臺灣，次年回師湖北。十六年（一八九〇），任滿赴京陛見，旋回籍丁憂。二十年（一八九四），中日戰事起，奉旨募勇數營，即行北上，駐軍張家灣，并進京陛見，授福建陸路提督，合董福祥部拱衛京師。二十一年（一八九五），奉旨統率所部增援甘肅，旋奉旨停止援甘，全軍裁撤。二十五年（一八九九），奏請編練新軍。次年，因義和團起義，奉旨率兵勤王，屯兵河南。二十七年（一九〇一），授長江水師提督。任内更進軍火、改革軍制、壯大軍力。宣統二年（一九一〇），病逝於任上，獲謚『壯勤』。

一八八八—一八八九年的中國，即光緒十四至十五年，正值清王朝歷史上『同光中興』（一八六四—一八九四）的黄金時期。三十年間，國内基本安定，朝廷講求實務，官僚求富求强，『洋務運動』進行得轟轟烈烈，西方資金、技術、人才得以引進，新式海陸軍得以編練，礦山、鐵路得以開發興建，一大批近代軍工企業、民用企業以及新式學校得以創辦，外交使臣和留學生也開始派遣海外，中興氣象方興未艾。尤其一八八八—一八八九最近這兩年間，在中國政治、經濟、軍事、社會領域發生的四件大事對程文炳影響深遠。

一是光緒大婚，慈禧還政。封建社會，帝王治國沿用的是家天下、世襲制。因此，皇帝大婚，關乎國祚興衰，是爲天下大事。光緒帝載湉，生於同治十年（一八七一）六月二十八日，四歲時同治帝崩，被選定繼承皇位，次年（一八七五）改元光緒。十三年（一八八七）正月十五日，行親政禮。十五年（一八八九）正月二十七日，行大婚禮；二月初三日，慈禧太后歸政，光緒帝親政禮成。翌日，天安門頒詔，宣示歸政事於天下。中國歷史上，垂簾聽政，流弊甚遠。慈禧太后此時還政心雖不甘，但她始終未敢打破祖宗之法，还是搬到頤和園『頤養天年』去了。不僅如此，她還早早頒發懿旨，稱『皇帝典學精進，於軍國大小事務均能隨時剖決，措置合宜』。當御史屠守仁奏請於皇帝親政之後，命外省密摺及廷臣封奏仍書『皇太后聖鑒，懇恩批閲』。懿旨痛批『該御史所見甚屬乖謬，且關係重大，若不予以懲處，無以爲逞意妄言，紊亂成法者誡』。很快，御史屠守仁革職，永不叙用。自此之後，光緒帝才有了整整十年的親政機會，直至戊戌變法失敗，光緒帝失去人身自由，被軟禁於中南海瀛臺，慈禧太后重新掌權。

二是蘆漢鐵路艱難起步。近代中國第一條鐵路——上海吴淞鐵路，全程三十華里，光緒二年（一八七六）由英商擅自建造，運行一年被撤除。光緒七年（一八八一），唐山至胥各莊鐵路十八華里建成，爲中國修造鐵路之開端。至是，鐵路之議，歷有年所，毁譽紛紜，莫衷一是。至光緒十四年（一八八八），除臺灣在建鐵路外，唐胥鐵路、唐蘆鐵路、津沽鐵路總計里程僅二百六十華里，嚴重滯後於經濟社會發展需要。就在此時，李鴻章乘火車沿途視察天津至唐山二百六十里鐵路，并予驗收。繼而致函海軍衙門，建議續造天津至通州鐵路，因言官群起反對而作罷，改從張之洞修蘆漢鐵路之議。由蘆溝橋至漢口全程三千里，劃爲四段，分八年完成，先從兩頭造起，北由蘆溝橋至正定府，南由漢口至信陽州，其餘次第接辦。光緒十五年（一八八九），慈禧太后懿旨允准，户部每年撥款二百萬兩，蘆漢鐵路工程就此艱難起步。但撥款僅僅一年，就因東北局勢緊張而移作他用。不過，張之洞爲生産鐵路所需鋼軌籌辦漢陽鐵廠等一系列重型工廠的努力并未停止。直至甲午戰争（一八九四）以後，靠借洋款，陸續興修，至光緒三十二年（一九〇六），連接北京和漢口的全長 1214.49 公里的宏大鐵路幹綫蘆漢鐵路正式全綫通車運行。因力主修建這條鐵路才被派任湖廣總督的張之洞與直隸總督袁世凱一道驗收工程後，改蘆漢鐵路爲京漢鐵路。京漢鐵路的全綫贯通，打破了舊中國僅僅依賴水道與驛道傳統交通網絡格局，武漢從此邁入火車、輪船、客貨并發，東至上海、西達重慶、北可進京的水陸聯運時期。

三是北洋水師正式成軍。北洋水師是洋務運動的産物，從光緒元年（一八七五）清廷特命北洋大臣李鴻章着手創設，到光緒十四年（一八八八）北洋水師正式成軍，歷經十四年之久，其中有幾個關鍵之点。一八七六年，從英國購買的四艘蚊船來華；一八七九年抵津，分別命名爲鎮東、鎮西、鎮南、鎮北，留北洋調遣。琉球事變後，清廷於一八八〇、一八八一年向德國定造定遠、鎮遠兩艘鐵甲艦；一八七九年向英國定造揚威、超勇兩艘撞擊巡洋艦。一八八〇年，天津水師學堂和北洋水師大沽船塢同時創建。次年及後來，丁汝昌統領北洋水師，選定在旅順和威海修建海軍基地，從英國、德國定購的戰艦先後歸國。一八八五年，受中法戰争中法國艦隊横行無忌的刺激，清廷決定『大治水師』并設立海軍衙門。一八八六年八月，北洋艦隊抵達日本長崎訪問。一八八八年四月，從英、德購買的致遠、靖遠、經遠、來遠駛抵大沽。至此，『編立海軍第一支』的條件已經具備。同年十月一日，醇親王奏呈《北洋海軍章程》，奏稱：『北洋原有定、鎮、濟三鐵艦及超、揚兩快船，合之去歲續購自英、德兩廠之致遠等四快船及舊有蚊、雷等船，計得大小二十五艘，聲勢已壯。』該《章程》共十四章，計分艦船、官兵、俸餉、雜支、升擢、檢閱、水師後路各局等項内容。其中規定：北洋水師設提督一員、總兵二員、副將五員、參將四員、遊擊九員、都司二十七員、守備六十員等額缺，以提督統率全军，受直隸總督及北洋大臣節制。十二月十七日，以天津鎮總兵丁汝昌爲北洋水師提督，記名提督林泰曾爲北洋水師左翼總兵，記名總兵劉步蟾爲北洋水師右翼總兵等。因此，《北洋海軍章程》的製定與頒行，可視爲北洋水師正式成軍之標志。

四是鄭工合龍，賑災濟民。歷史上，黄河潰堤，多有發生。清咸豐五年（一八五五），黄河在河南北部决口，釀成著名的銅瓦厢改道。三十二年以後的光緒十三年（一八八七）八月十四日，黄河再次在鄭州下汛十堡决口，潰口至七八百丈，直隸、山東境内河道爲之斷流，僅河南境内就有七十多個州縣被淹、被潦。大溜南趨，奪淮入海，淹及安徽、江蘇，其中安徽沿淮河、沙河的太和等十一州縣淪爲鉅浸，田廬、人口漂没無數，損失極爲慘重。當時，湖南著名愛國詩僧釋静安寫了一首《鄭州河决歌》：『嗚呼！聖人千載不復生，黄河之水何時清？濁浪排空倒山嶽，須臾淪没七十城。蛟龍吐霧蔽天黑，不聞哭聲聞水聲。天子宵衣夜長歎，詔起師臣出防捍。帑金萬鎰添洪流，黄河之工犹未半。精衛含愁河伯怒，桃花水汛益汗漫。明廷下詔罪有司，有司椎胸向天悲。吁嗟乎！時事艱難乃如此，余獨何心惜一死。捨身愿入洪流中，抗濤速使河成功。』事實就是如此，得此之報，朝廷一面將河東河道總督成孚摘去頂戴，革職留用，并令成孚、河南巡撫倪文蔚搶堵口門，賑濟災民；一面命由部庫提銀二百萬兩，克日解往鄭州河工；并調兵遣將，以前河南巡撫李鶴年爲河東河道總督，命禮部尚書李鴻藻督辦鄭州河工事宜。然天有不測風雲，光緒十四年（一八八八）五月二十一日，鄭州河工因急流濤深，陡然蟄陷失事。七月初十日，朝廷聞奏震怒，嚴懲不貸，將一應大員均著革職留任，降爲三品頂戴，發往軍臺效力。派廣東巡撫吴大澂署理河東河道總督，督辦鄭工事宜。至十二月十九日，鄭州河工歷時一年四個月又五天，終使决口合龍，鄭工告竣。（以上見《清史編年》第十一卷光緒十三、十四、十五年各條款。）

二

此時的程文炳五十五歲，戎馬半生，軀體强健，精力旺盛，正值壯年。自光緒九年（一八八三）擢湖北提督以來，整軍飭伍，軍容一振。光緒十年，會中法戰起，奉命馳援，秋抵厦門，備援臺灣。次年回師湖北，駐扎襄陽，治兵練械，專閫一方。李鴻章、曾國荃曾多次與他書信往來，論及中外。年終考評，湖廣總督裕禄説他『才明識練，任事忠勤，久歷戎行，治軍嚴整』。查拙作《程文炳年譜》光緒十四、十五年事迹，除操練各軍，邊防戰守等日常大量軍務活動外，甄别庸劣，擢拔將才；兵丁增補，營額裁汰；馬匹戰船，添置軍械等，程文炳事無鉅細，悉心措置，馭衆嚴明，持躬簡約，諸事妥帖，有條不紊。凡涉及重大軍政要務，會同湖廣總督裕禄、湖北巡撫奎斌合詞上奏，均獲硃批。同時，他还捐獻廉銀，動員下屬，積極參與地方公益活動，如修繕名勝古迹、賑濟家鄉災民等。

影響最大的是重修古隆中。古隆中，位於湖北襄陽以西十三公里西山環拱之中。据《輿地志》記載：『隆中者，空中也。行其上空空然有聲。』隆中因此而名之。著名的劉備『三顧茅廬』和『隆中對』都發生在這裏，歷史上有多次修繕。北宋著名文學家蘇軾嘉祐五年（一〇六〇）從荆門去開封，經襄陽遊隆中，寫下著名《隆中詩》：『諸葛來西國，千年愛未衰。今朝遊故里，蜀客不勝悲。誰言襄陽野，此生萬乘師。』程文炳提督湖北十餘年，曾三次修復古隆中。光緒九年（一八八三），修諸葛亮故居并撰寫《重修漢丞相諸葛忠武侯故鄉記》。修古柏亭、草廬亭。十四年（一八八八），重建抱膝亭。抱膝亭三層六角，高四丈有奇，周七丈餘，位於隆中山畔一高阜之上，遊人至此『慨然思巾扇之度，雖在小隱，未尝須臾忘天下事焉。』修三顧堂，三顧堂是明代成化（一四六五—一四七〇）初吴綬在宋代三顧門基础上改建而成的，清康熙、乾隆時兩次維修，程文炳再次修復。將躬耕田部分改爲荷花池種植蓮藕。光緒十九年（一八九三）再修古隆中，於古隆中山口處建『古隆中石牌坊』，爲四柱三排樓廡殿頂式結構，由六十块青石雕凿扣合而成，顯得蔚爲壯觀，是古隆中標志性建築。爲什麽要修復古隆中？程文炳在《隆中圖》中説：『予於戊子（一八八八）歲重修隆中既竣，兹復摹其全圖，盖存兩意：一欲使異地之人披此圖者，肅然如見清高之像；一欲使後之有整領之責者，因今日之規模且益拓之。羊叔子所謂「萬世之後，魂魄犹戀此山」。我知公必有同心也。』其崇拜諸葛亮、心儀隆中對的內心世界躍然紙上，目的是讓孔明精神（鞠躬盡粹、死而後已）發揚光大，永世流芳。

最重要的是對家鄉災情的賑撫、災民的接濟。戰争年代，程文炳就以『不殺俘』著稱，被曾國藩譽爲有『古仁將之風』。特別是他全權負責處理皖北繕後事宜，將衆多從捻的鄉民解救回家，對迅速恢復生産。重振經濟，起到很大作用。光緒三、四年（一八七七—一八七八）間，秦、晋、冀、豫、魯旱災嚴重，史稱『丁戊奇災』，大量災民流入皖省。當此之時，程文炳回籍養疴，在潁州親眼目睹饑民困苦流離，道殣相望，餓殍遍野，倒斃日衆之慘狀，一時遊目傷心，率錢聚米，仗義疏財，號呼相救，『捐鉅資佐袁保恒辦賑濟，民獲甦』（《清史稿·程文炳傳》）。有史料記載説：程文炳首捐鉅資，在洄溜集等地設粥廠十三處，饑民就食者約上萬人，自秋至夏，全活無算。公猶恐任事者不力，炊飲先宜，乃巡歷各粥廠，飯熟先食。時任安徽巡撫裕禄奏報云：『程文炳於官廠首先倡捐，又自赴鄉間洄溜等處設粥廠十三處之多，分養災民二萬七千餘口。自七月起，在潁州、太和、界首集、亳州四處設立支遣局，將收養災民陸續資送回籍。又飭渦陽、蒙城、懷遠添設三處，資送過境災民三萬餘口。』爲此，朝廷褒獎有加，賜程文炳一品封典。

光緒十三年（一八八七）八月，因河南鄭州河決，河溜南趨，殃及潁州，沙潁河兩岸成爲鉅浸。家鄉受災，百姓遭罪。朝廷雖連發賑濟，但地大面廣，災民衆多，杯水車薪，難以爲繼。加之鄭州河工堵口，任務艱鉅，從河決至今已八個多月，遥遥無期，對嗷嗷待哺的災民，無疑是雪上加霜。此時的程文炳，遠在湖北，心繫鄉梓，身在軍營，關心民瘼。他曾接到京師轉來豫省賑局公函，『當即肅復并兑銀壹百兩』，這是公事公辦。接着又采取兩條措施：一是給上書房行走翰林院高劍中寫信，詳細回復了他詢問的光緒三年（一八七七）辦賑的有關情況；特别是當下爲縮短工期，建議鄭州河工重点解決轉運土石路途遥遠的難題，『當今急務莫若開鐵路數十里，以火輪車運石運土』。懇請『援開平煤礦之例，奏請飭北洋遣員往辦，暫時建築，以濟大工』（詳見《程文炳手札》第二函）。與此同時，河南巡撫倪文蔚等奏，此次鄭州大工，時日迫促，工程浩大，議購西洋『鐵路土車』以速運土；購電燈以備夜工，并議試用小輪船溯江入淮，拖帶料船，以速運料。真是英雄所見略同，衹是後者的方案更加完善，朝廷准行，程文炳亦功不可没（詳見《清史編年》光緒十四年三月二十七日）。二是與河南、安徽巡撫部院倪文蔚、陳彝中丞及兩省賑捐（撫）局保持密切聯繫，掌握豫皖邊界災情狀況，聯手湖北安襄鄖荆道陳東屏觀察就所屬郡縣、所轄營汛合啓倡捐，分頭勸募，『自官紳商賈、軍民人等，不論多寡，悉聽其人之樂輸』，從而達到『一體相助』之目的。經過半年努力，共鳩貲五千兩，『以初議分協豫皖兩省賑務』。大約五六月間，程文炳分别致函河南巡撫倪文蔚、安徽巡撫陳六舟及兩省賑捐（撫）局，并指派專人，分别將五千兩庫平銀一分爲二送交兩省，完成了他這次跨省越界的賑災義舉（詳見《程文炳手札》第四十五至四十八函）。

三

程文炳的家國情懷和個人操守體現在他生活的環境、面對的羣體、周圍的社情民意裏面，融入到他的日常生活和具體細節之中，是他人生行爲的基本坐標和處事態度。可以概括爲以下幾個方面：

一是急公好義，助人爲情。急公好義，出自漢劉向《新序·節士》：『楚昭王有士曰石奢，其爲人也，公正而好義。』程文炳就是這樣的一個人。他在與裕禄的信函中曾説了這樣一件事：鄭州河決，皖北受災。朝廷派畹香觀察到潁州賑災，其『此次辦理賑務，竭盡心力，地方感戴，萬口一詞。乃忽於本月十九日因病奄逝，身後諸事均未預置，倉卒之頃聞弟家中存有花板一具，經郡縣借往應用，并議酬金五百金。弟思與畹香多年至交，豈能受其價值。刻已飛函往辭，如萬不獲已，擬即以原金作爲奠儀，以稍盡故交之誼』。爲了把這件事辦好，他又致函潁州府縣正堂，除對家鄉農民因災流離失所表示深深的憂慮不安之外，重申要辦好老友的後事，『不忘疇昔之盟，於公義私情庶幾兩便』。可見『公義私情』在程文炳心中的分量是很重的（見《程文炳手札》第三十九、四十函）。

二是公道正派，清慎明著。商號之間，貿易紛雜，訴訟難免，程文炳就遇到一樁『詹子安明府之案』：王姓在四川兑銀之後即至汴梁詹斯美號取銀，而該號已倒賬閉歇，隨同中人董姓到樊號，則此次四川所辦之油煙皆已在樊王姓素賬。該樊號始則允還，繼則延宕，後乃以油煙四百石抵銀若干，餘項許以今春清結。及王姓春間來樊，子安竟以經手之詹雨農避往利川不認前賬，以至成訟。經縣令審訊數次，并呈出詹雨農在四川收銀及買貨各信，又去年已先將四百石作抵而樊城實爲總號，其各分號統由子安主持，證據確鑿，故有押追之舉。此時，詹子安逃至安陸，以一面之詞言於友濱軍門，而賬未清結，訟案難銷。程文炳摸清案情後，給兒女親家、安陸府太守周小田去信，講明案情，曉以大義，認爲『子安汴號雖閉歇而樊號生意尚好，斷不能因此事拖欠，久匿不出，自壞局面』。并奉勸親家大人閒暇之時可將此意轉告友濱軍門，勸詹子安早早歸案，息事寧人。本案所涉『樊城』襄陽，就是程文炳提督府所在地。程文炳處事公正，且態度誠懇，放眼『長策』，使訟案平息，在親家、同僚和當事人中間起到了很好的溝通和橋梁作用（見《程文炳手札》第四十三函）。

三是公忠體國，敢於擔當。程文炳是土生土長的阜陽人，早年親歷戰亂，山河破碎，哀鴻遍野，民生凋敝。同光中興，經濟雖有恢復，但基礎脆弱，經不起風吹雨打。鄭州河決，黄水數年不退，皖北作爲重災區，首當其衝，深受其害。程文炳在與同僚的信函中每及於此，往往憂心忡忡，不能自已。如致兵部尚書孫家鼐的信中説：『接敝鄉來信，知沙河水勢甚巨，較去年漫決時略小二寸有餘，寬者八九里、十餘里不等，兩岸田疇，二麥盡没，居民逃徙，多去其鄉，此自上游黄流盛漲之故。竊慮鄭工未蕆，伏汛將臨，豈惟合龍無期，正恐劉子之歎，杞人之憂，一時并集，如何何之？』特别是『江北荒旱，穀價騰踊，洪波未平，又遭凶歲，民人無食，將成奇災，如何何之？竊爲憂慮耳！』雖程家

『所有薄田數頃，盡在沙河兩岸，洪波泛濫，顆粒無歸』，然『故鄉辦賑築堤一切捐輸事宜，仍須首倡，以爲州黨表率』。遠在湖北的程文炳，面對故鄉的災情，不是選擇觀望和回避，而是迎難而上，勇於負責。不僅自掏腰包，捐助鄉民，而且動員屬下官兵和所在郡縣一體相助，帮助災民渡過難關，展現出他關鍵時刻敢於擔當的大將風度（見《程文炳手札》第十八、二十一、二十九函）。

四是廉潔自律，不越雷池。據《程文炳事略》記載：『公生平好善，賑災興學諸事，動費鉅萬，不能併書，平居不事家人生産。』程文炳出身孤貧，自布衣至專閫，惊濤駭浪，閱人無數，慎新朋重舊雨，視金錢如糞土。因此，對賑災興學諸般義舉不恪錢財，對家人則不許聚財斂物，自我約束甚嚴。這一点，從他和夫人的兩次生日中便可得到驗證。光緒十四年（一八八八）四月十三日，是程文炳五十五歲生日初度，在四月初二日繕寫給兒女親家安陸府太守周筱田的家書中，程文炳説：『弟前以查看營伍至均、穀等處，往還半月，昨始旋襄，馬齒徒增，何敢言壽？履任五載，未嘗開閣延賓，寅寮饋貽，悉從敬謝，至期亦惟選地避之，雖至交深誼，不敢自亂其例。荷蒙嘉貺，謹對使璧謝，想親家大人俯見素心，或不責其矯激也。』從信中的語氣可以看出，程文炳不僅態度誠懇，而且相當嚴肅。第一，從不言及壽辰；第二，從不請客收禮；第三，到時候回避；第四，辭謝壽禮；第五，絶不違例。即便他夫人吕氏過生日，面對親家賀使，也同様『謹對紀綱』，除生鮮禮品不宜久留，『肥雋登盤，已堪飽德』外，『其餘佳珍，敬爲璧謝』，全部退還。程氏夫婦二人生日壽辰，發生在兒女親家之間尚且如此自律，其對外以一貫之，是令人可信的（見《程文炳手札》第二、二十七函）。

四

近代史所編纂的《清代名人稿本抄本》第三輯第四册第一卷《程文炳檔》輯録的程文炳手札六十件，是程文炳光緒十四、十五年間（一八八八—一八八九）致各方的信稿。整理這些信稿，不但對瞭解當時的軍國要政有重要的參考價值，而且對瞭解他們的家事私衷、官員之間的禮尚往來，也是不可多得的第一手資料。同時這些書信，距今已長達一百三十多年，時代已經發生翻天覆地的變化，當年看似平常的手札信稿，今天看來不僅具有重要的史料價值，還具有難得的書法價值。尤其對於程文炳而言，更能窺見其如何從一介武夫向一代仁將、儒將蛻變的歷史軌迹。

據《程文炳事略》記載：『公少負奇氣，膽略過人，篤好詩書，以家寒不能多得書，常引以爲憾。及長，好孫、吴之學，尝曰：「爲將之道，貴臨機應變。古人成法，不可不知，亦不可拘識者。」』程文炳幼爲武童，好使槍弄棒，家中貧寒，讀書不多。但他天資聰穎，好學上進，覓到詩書，鑿壁偷光，天長日久，自學成才。從軍以後，馳騁南北，戰亂頻仍，戎馬倥偬之間，夜讀孫吴之學，精研孫子兵法，結合實戰，排兵布陣，三十六計，樣樣精通。故能身經百戰，敗少勝多，屢次立功受獎，終成一代名將。閒暇之際，程文炳最愛讀《三國演義》中關羽夜讀《春秋》的故事，其『神威能奮武，儒雅更知文』的傳説，是激励他不斷前進的動力。他最敬佩的是諸葛亮，尤愛精研《隆中對》，對杜甫的《蜀相》詩更是耳熟能詳：『丞相祠堂何處尋，錦官城外柏森森。映階碧草自春色，隔葉黄鸝空好音。三顧頻繁天下計，兩朝開濟老臣心。出師未捷身先死，長使英雄淚滿襟。』這也促成了日後他在湖北提督任内，三次修復古隆中，爲諸葛亮重塑金身的夙愿。

在長期的軍旅生涯中，程文炳夙夜在公，勤奮有爲。除巡察、操練、整軍、飭伍等大量軍務活動他要親歷親爲外，大量的文案材料，包括上奏摺片、平行文稿、朋僚函牘、私人家書等等，他都研墨揮毫，親自捉刀，很少讓書吏代勞。因此，他的書法水平也日益長進，甚至登上大雅之堂。如光緒十八年（一八九二）壬辰仲夏程文炳第三次修復古隆中，於武侯祠東南百餘步構抱膝亭，立抱膝碑，并親題『抱膝處』三個大字，用行楷書寫，筋力老健，風骨灑脱，既使人目視之下，有一種歸宿感，又使人能從中汲取力量，爲實現宏大抱負展示自己的才華。背後碑文記載了構亭緣由和經過，全文一百九十一字摹柳公權書體，收放有度，變化無常，骨力遒勁，結體嚴緊，点畫收筆，内蓄圓润。

再回到程文炳的手札，看他的文字功力和書法成就，也有很多值得稱道的地方。程文炳致各方信稿大體分爲四個層次：上司、同僚、親朋和下屬。不論復函、致信的對像是誰，從德行上講，程文炳都能盡謙虚謹慎之本分，毕恭毕敬，直達胸臆，從無阿諛媚上、頤指氣使的世俗習氣。除此之外，程文炳在用典、用字，遣詞造句上也頗下功夫。比如第三函致黄海樓，在開始部分的賀詞吉語中説：『欣諗大旆奉調，西赴臯蘭。移八閩之軍，諧作九邊之上；佐虎頭燕頷，萬里封侯逖聽。』虎頭燕頷，又稱虎頭燕額，就是一個極妙的成語，形容王侯將相威武的相貌，出自明代無心子《金雀記》：『我虎頭燕額，羞殺他臉似桃花。』又見於明代陳荩卿《送胡文宇守備福州》套曲：『天生來虎頭燕頷封侯相。』『萬里封侯逖聽』，逖聽猶逖聞，常表示恭敬，語出司馬相如《封禪文》：『率迩者踵武，逖聽者風聲。』諸如此類，在所有的信稿裏，真的是做到了無一函無典出，行文造句，恰到好處的入化境界。案頭書寫，致信復函，是程文炳日常生活的一部分。可以想象，他一生書寫信札無數，朋僚函牘，魚箋雁書，飛鴻往來，大部分都消失在歷史的塵埃裏。近代史所館藏的這六十通信稿，嚴格來説，并不是真正意義上的書法作品。但時至今日，硬筆通行百年以上，電腦無紙化辦公，使書寫這種方式漸行漸遠，軟筆書法進入象牙之塔，多數人可望而不可及。因此，程文炳留下的這份遺産，無形之間就上升爲彌足珍貴的書法作品。程文炳的書法，以柳體爲根底，兼行楷、行草并用。而書寫信札，則以行草見長。行草是介於行書和草書之間的一種寫法，宋代蘇東坡曾作《郭熙畫秋山平遠》詩：『爲君紙尾作行草，炯如嵩洛浮秋光。』陳衍《元詩紀事·沉貴》：『酒酣興發，以手潑墨，然後揮毫，迅於行草，收拾散落，頃刻而就。』程文炳的行草，雖然没有達到蘇、陳二人所説的那種信手拈來、出神入化的境界，但他書寫信札，往往是筆意緊隨文意，文意激發筆鋒，神會之間，行草雜糅，筆式連貫，一氣呵成，既有將軍風度，又有文人風采。借用方家的話説：程文炳的字，『應屬文人字或學者字，行草書輕鬆流暢，有法度亦有形態，然更有意趣，似有東坡筆意與韵致，章法亦於宋代書家簡牘頗類』。就書法評論而言，能與『東坡筆意與韵致』相似，算是一種極高的評價了。信之。

李興武

寫於二〇二〇年三月六日

修改於二〇二〇年三月十六日

凡例

一、《程文炳手札釋文箋注》收録程文炳一八八八年至一八八九年信函六十通，是近年新發現之晚清名人手札，十分稀有珍貴。爲便于閱讀，本書按先手札、後釋文順序，竪排繁體，依次展開。

二、本書中所涉人物，有史可查者均加以注釋，無據可尋者均注明待考。

三、本書中所涉地名，均加以古今比照，便于尋源核對。

四、本書中所涉重大歷史事件和典故，均作簡要注釋，以便解疑釋惑。

五、本書手札原文中凡畫成圓圈『〇〇』的，均表示作者自稱，爲『從周』二字；原文中的一些異體字、生僻字，或作簡要注釋，或加括號對比。

六、本書原標題中，凡寫成『廿』『廿一』等的，釋文中均寫成『二十』『二十一』等；凡『繕』字，均改爲『日』字；原文標題下附注的小字如『七行』『璧手版』等，一律省略。

七、本箋注手札稿摘自虞和平主編《近代史所藏清代名人稿本抄本》第三輯第四册《程文炳檔》，爲首次釋文箋注。

目録

程文炳手札（影印）

覆上書房行走翰林院高 三月初十復

勉之尊丈大人閣下摺弁回奉到

還雲備承

眷注意殷語摯感溢私衷敬審

履綏延和

鼎祺篤祜

三天侍直

九陛褒榮指日

宮坊莫君顧頌承
詢丁丑年辦賑一節是時晉豫饑民流徙皖北者
絡繹載道頌鄉遂令其衙除官辦粥廠不
計外口口所設者共四十二廠相去皆三十里遠近每
當放粥之際群集廠內人給一勺令其在廠
吃食不得攜之出廠以杜冒領重領之弊食畢而
散以次轉送出境願留者聽每日給領如常
故自春徂夏數月之間道殣絕少由各廠相

近沿途得食故也然此特賑流民之法耳若
此次水灾似尚非灾區重要設局設廠宜分
不宜合宜多不宜寡放粥不外前法但不可拘集
一處務留養之處否日久釀成疫癘此最深
忌者也唯濬工次探報並友人來函讀河工情
形甚棘目前所領似合龍之期尚難預定
經費既艱物料翔貴轉運土石尤以道遠為
難鄙意竊以為當今急務莫若開鐵路數

十里以火輪車運土運石以每里二千五百兩計之若
將四十里鐵路及輪車數十輛所費不過二十餘
萬而轉運迅速較之民夫價直似貴而實省
早日合龍一日即多省一日之經費通盤合算
所益良多惟興建輪路之議曾屢經見
阻於言路今若援開平煤礦之例奏請
飭北洋遣員往辦暫時建築以濟大工且為節
省經費起見亮可仰邀

俞允侍

爱身陳不審有南

戢心吾前指急師撤省賑局瓜園肅即肅

准並從賑查百兩想蒙

鑒恭簿宜情況尚好

轉達諸君子之前

原擬為摹本寄此肅布祗請

台安統希

心照不宣　　　世晚　頓首

謝安洋府周　四月初二繕

筱田之兄親家大人閣下頃奉

琅函備叨

綺注猥以賤辰和度辱郵

遣使將

命遠來介

康侯之鑒領
江州之酒，開緘黃篋，慚感交縈。就審
政祉增嘉，
履祉綏和，至為頌禱。昨以查看任至
切教等事，往還半月，昨始旋襄馬邑。
往返何敢言壽，屢任五載，未嘗闕延。
實賓寮績，貽累從敢謝，至期之惟選他
邀之雅，至交深誼，不敢自亂其例，尚蒙

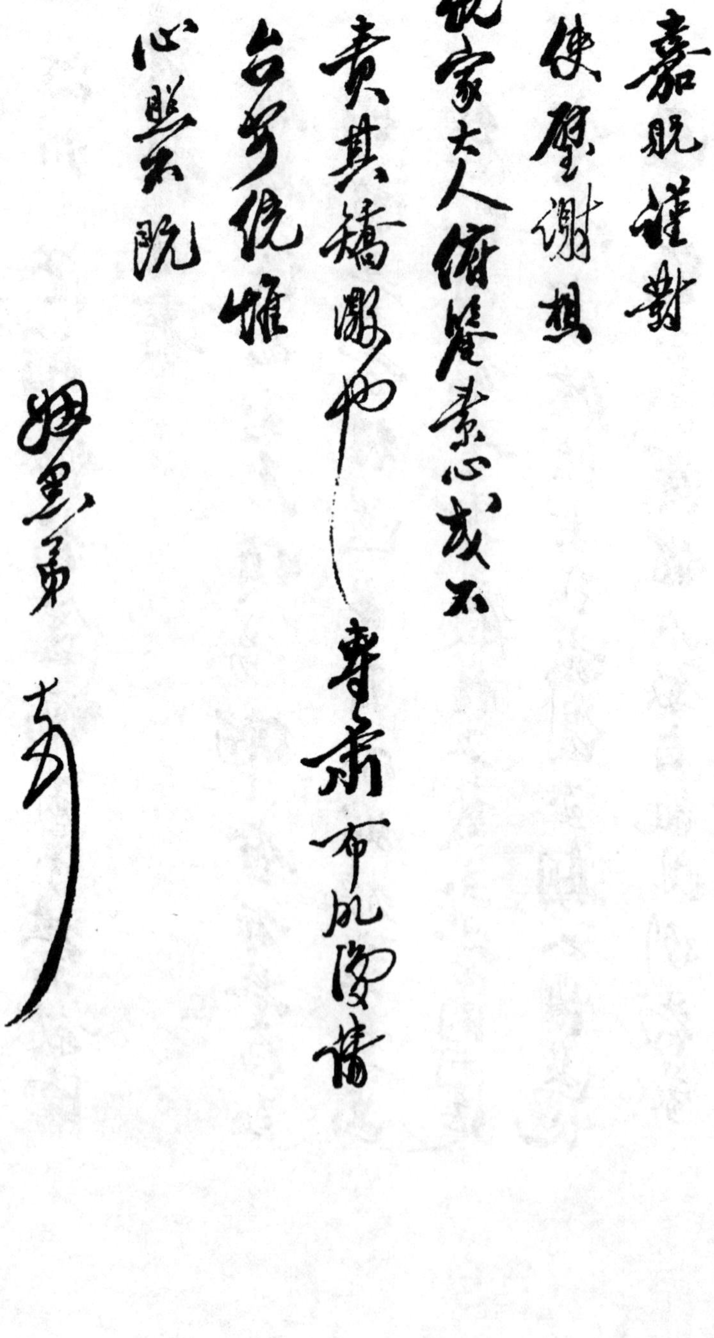

嘉貺謹對
使璧謝想
親家大人俯鑒素心，或不
責其矯激也。尊甫布帆[illegible][illegible]
台安統惟
心照不既
姻愚弟 [illegible]

總理福建營務處統領立字等營江旗即補道黃　四月初六申刻　樾遞

海樓仁仲大人麾下：正初曾肅蕪啓，馳賀

新禧，計應早達。

英覽四月初二日奉到

惠函欣諗

大旆奉　調西赴皋蘭，

移八閩之軍諮，

作九邊之上佐，

虎頭燕頷萬里封侯 逖聽
嘉聲曷勝欣祝 承
示瀛眷偕行自屬正辦此間南北兩岸均可暫
居襄郡城內房屋稍狹樊城則較爲寬廣
尚覓潔淨者一所俟
尊眷到時擇便居住屆時乞自南安爲照料
賜之
敬懷 此時

仲帥應已北上
台從首塗約在何日
良晤匪遥敢以為勞吏聞馳溯祇請
勛安并賀
大吉統希
愛照不既 如兄 頓
上彭宮保 四月初六鐙

宮保夫子大人鈞座新正曾肅蕪稟叩賀

春禧計應早呈
尊覽獻歲以來伏想
褆躬康豫
蒼衛咸龢
林壑優游日臻清健至爲欣慰近葺塘郭茅舍
建節南來
東山再起
胡婕桂君之壽眉生

霖雨之思，中外臚歡，非僅私祝。乃聲汛稽遲，
鈞駕順平，刻以大閱將屆，竟不克分身前
赴漢皋迎候
師駕，中懷燾慕。聯日能出，茲謹遣外委彭桂芳
趨叩中途，祗向
左右伏求
將近日
起居眠食，賜示數行，藉諗

安福膝常精慰寸心馳仰外坿呈蜜餞二種故鄉
土物聊用伴函尚乞
哂納為幸專肅寸稟恭叩
鈞安伏祈
垂鑒 受業〇〇謹百拜 小狀上
致甘部堂裕 四月初九燈
壽帥太公祖大人閣下敬肅者前月專弁賫呈一緘請
蔡給馬票計邀

鈞禧，恭維
福躬納祜，
履德綏猷，互為順勵。前赴均州，遵途濱
雨小住數日，繞道穀城，途次往還，幾經半月
諮審民氣淳厚，殆勝下游。二表中機地方静
謐，均光谷汛亦尚稱誅勵，足慰
畫懷。茲有請者：鄖鎮中軍游擊員缺，聞已
扣歸外補。查去冬曾因襄陽城守一缺，奏明列

詹方二將才具奉達
左右荷察
俯允查僱補副將詹定邦年富才明辦事勤敏
署理歙城守游擊前後五年於捕務緝私均無貽
誤僱補游擊方傑才優識練有守有為留鄂
二十餘年奉公恪謹歷資尤深伏候
明鑒察於該二將中擇一以補鄭鎮中軍游擊缺於營務熟練
伍不無裨益○○因公起見以該二將在鄂日久知

去歲深秋敬肅寸函上達，時
蒙讀陳，我不
悉其瑣瑣，心專肅馳布，敬請　臨穎屏營
動安，伏祈
垂鑒，不宣。　治教弟　頓首
致淮鹽總局江蘇即補道台楊　四月初九信
子通仁兄大人閣下：久疏音敬，時切馳思無憶，
遥標倍殷，葭溯敬維

勛祉增嘉
籌祺綏吉
勤勞在
國傾禱靡涯弟歷碌從公調善鮮狀兹有懇
者前署龍集鎮私卡貢孫家沆為變臣
少司馬堂弟自裁卡以来留滯弟署中候
經半載前得司馬手書云曾有函致
執事請

賜噓拂並援負特赴夏口趨啟
台端務求於分卡中名若使一位置之爲能，
勤奮自勵不至上負
栽培感荷
雅情正不獨弟一人已也引領
南雲曷名盼禱專此布肅祗請
台安統祈
照鑒不宣　愚弟 [illegible]

賀新授福建臬台奎 四月十八續

新歲元辰魚箋肅賀好春三月

鵲報遥傳聞

吉座之九升聽

喜音而載抃歡騰子墨慶溢寅衷敬維

樂峯仁棣大人陳臬南疆

晉階北斗

繡衣直指八閩大府

撫即風靖
仁風
華帶日輝
簡命垂申
三錫榮叨
湛恩霈國卜
祥刑之用措
倚畀隆深占
方岳之崇膺
封圻陞掌

營差在申，雀躍領心。元從事漢陰，渺無涯

狀。近以本年大閱期屆，自春徂夏，簡車

料卒，昕夕靡遑，幸賤軀尚克耐勞，公私

均稱順適，足紓

遠係

台旆此時諒已返櫂北上，海程迅捷，

履任之期，計日匪遙，引睇何似。專肅敬賀

大喜，祗請

台安統惟
藹照不既　如兄　頓首
賀新授浙江臬台王　四月十八信
雲綻嶺梅魚書曾聯風暄階芀
鵲報[illegible]欣傳聞
吉座之允升聽
佳音而載於旌風翹首向日傾心敬維
爵榮仁棣大人榮荷

新恩
任崇廉察
德化被粤江左右方深微
管之恩
福星耀浙水東西之切
來獲之望休戚
宸闕喜動
天顔叩晉

封圻昌啓，鼓舞無往。事漢陰淵條善狀，
本年遣逢大閲，自春徂夏，教整軍練伍，康
閒昕宵，規建樹之數，能撫勞薪而多
感。亦章賤軀頑健，公私事教平善，堪告
慰。專此寸啓，祇請
勛安，敬賀
大喜，諸祈
鑒照不宣。　如兄　頓首

護宜昌鎮羅　硯玉手啟二　四月十八信

筠臣仁兄大人麾下：前月奉到

惠函，敬閱臺呈，適有均州之行，未及肅復，又接

手牋，三復迴環，如親晤對。勤諭

勛祺日懋，

升祉增嘉，恰符兆頌。洋船停止入川之舉，蜀境

自可無虞，峽路民情，應早安帖。英人注意兩

藏，而藏番一味閉關，力拒前任文大臣屢次

奏報議論剴切深以碩令大局為念而

朝廷重啓邊釁慮有齟齬續邊指揮務在

通盤妥議庶以長者熟習藏事兼顧往

辦計此時已可抵藏已來審若何措置道耳

前得者報

帥節巡閱黃州回轅後尚須稍有布置耳

上荊州想

貴處必得確信也專此布覆祇請

勛安統惟
朗照不備 敬想 謹柬
愚弟 頓首
覆河南南陽府濮 陌玉自叙 四月廿八日
青士仁兄大人閣下頂奉
惠函激賞
雅教就審
履禪納吉

晉祉延釐，至為頌慰。護丹鎮軍奄然早
逝，溥宦情狀，聞之悼心。得
執事為之經營身後，諸務賴以周備，
朝廷議卹有加，後任彌補虧欠，出
鼎力上下維持，
古誼高情，今時罕覯，下風欽佩，莫名之
俟其靈櫬至樊，弟當妥為照料，俾得早
日換船前進，并遣弁沿途護送，稍盡故

家之禮，以仰副
閣下盛心。諸祈
放懷，勿煩過 慮。專肅布復，祗請
勛安，統惟
心照不既。 愚弟 頓首

覆南漳縣胡 四月十八日
竹春尊兄大人閣下：前奉
華牋，敬聆一一，就諗

玟祺廸吉

勳祉綏猷為頌慰黄河水災協賑承

執事多方勸諭集有成數此雖地方

好善不吝解囊抑非

賢大尹視民如傷之隱有以感之未易臻此

欽佩莫名一俟各處收欵崇齋弟

南會同

觀察分送河南安徽被災之區以資

協濟數以附
閣專助布復紙請
升可並完
芳版統祈
照並宜　兄弟　炳頓
霞新授武昌鹽法道葉已偕發
都門聯藝每深
舊雨之思漢上題襟又無結

同舟之契正殷，郵賀乃蒙
蘭札先頒，三復迴環，五中欣慰。敬維
昇初仁兄大人允升吉席，
丕煥新猷，
策政宣勤，綉斧與花驄並耀；
簜英衍部，藤鳩偕艾虎爭輝。
清風媲雲夢而遙，
湛露源

絲綸之寵

栢臺指晉藻頌心儀 幕從事漢陽渺

無涯狀本年正值大閲整軍飭伍廉明

昕宵媿逮樹之勣能栫勞薪而增感隆

此良辰蕭萬橮（朝）午景之舒長遥知清夜

陳苗山

德星之聚會專爾（布）濩祗請

升午安敬賀

任喜並送
大東統維
愛照不宣　愚弟　頓首
教再啓者多年不晤同官一省歉慰非常
惟職守攸關未能趋謁
台端快圖
良覿（晤）益為歉歉　馳之文在京常相過從頗近
状何如甚以為念暇時当乞

賜示數行，盼盼再請

台安　名另啓

毓慶宮行走兵部左堂孫　賀午節　八行　緘

敬肅者，新正摺并回裹捧誦

鈞函如親

紫泥重荷

幽嵩之獎飾，猶增心曲之慚惶。茲值蒲節

霞觴擢錦，雲錦恭維

燮臣太姻丈大人長者贏篤祜

卓（重）午凝禧

歲戢丑兵畫戟與瑚戈並偃

恩隆九命香羅偕細葛同

頌奉

構幄之

諮詢對（任）

深宮之啓沃翊升

台旆莫釐軒鏊〇〇 游維戎符又逢令節

撫駒陰而倍惜懍鷄（蠡負）冥而時廑两年部曲

協和地方靜謐萑（猫浮）暫安蕪陋差堪上慰

蓋懷尤甚

雲臺遐敷

星輝遠（炳）照（燿）堂

龍門而匪遠

撫僕常承 藉鯉牘之頻通逢衷可託專

肃寸启，敬请
福安，虔贺
年禧，伏惟
丙照不宣
姻再晚 ○○○ 顿首

敬再肃者：去年淮盐局以整饬鹾务增设永
陆五卡，协同缉私，晴川得充黑漉集委员薪水
局用，颇堪自给。不意岁杪襄樊城分局以五
卡无益缉务，徒多虚费，禀请裁撤。晴川家

卸後留擻署四閱月因無他事可圖且鄉試
伊邇已於四月中旬買舟送其旋壽矣知關好在
懃注敬以瑣陳再請
鈞安〇〇不莊
禮部左堂南書房行走徐　午節　行　繕
新正奉到
魚緘恍覿
塵教厚

懃拳之閑注彌慰協於私衷際茲擢大都

丹蒲觴頌碧激維

頌閣老夫子大人坐崇日下

叢釐集天中

愧者聯班細葛拜

宮衣之錫

蓬山侍直南薰和

虞陛之琴遙和

授簡籌毫頗
金鑾之籌作即盼
乘軺建節
秉玉尺以衡量列仙
雲霄馬上鼓舞 萬課綰成機之逢今序
採駒光而增惜顧數貿之多虞所幸部曲
綏和地方安謐藉以暫藏慕拙聊堪告慰
差懷尤契

樾蔭常承賜

龍門而匪遥達衷可託落鯉牘以頻通專肅

啓敬請

台安祗賀

午禧統惟

丙照不備

通家教弟　頓首

敬再啓者前猶

賜書籍聆近事想見

端居深念饑溺關懷欽佩曷已刻聞敝鄉以
河帶水勢驟長此上游黃流增漲之先兆已悉
鄭工合龍之期未能預定列卷之歎杞人之
憂殆將不免耳小兒恩培舉業尚淺本年
鄉試原擬令赴京兆藉觀光得以親承
訓誨無如長途遠涉送考乏人年幼小生自非
有老成尊輩偕行斷難任其獨往是以仍
應江南秋試重蒙

垂注，敬以奉
聞，再請
大安。弟○○文啓
翰林院上書房行走萬 七引 繕
勉之尊丈大人閣下：三月初旬肅呈一緘，計邀
賜覽。茲值天中節届重午，時和敬維
晉祉延庥，
升祺篤慶

本天日麗榴開四照之花
玉露風清蒲映五明之扇
壯猷拜
宮松之祝南重賡
仙樂之章引頌
暢軒莫名敬肄○○謹維戩穀　[illegible]同孫稿玉
專肅寸啓祇請
鈞安並賀

午叔度統惟
照臨石宣世兄均鑒
荊州將軍宗室祥 弟制 謹
前肅丹誠亮呈
青睞近想湘程波靜驛路風馳舒
赤紱以朝
天敍黃人之捧
日蔭者節逢重午時屆良辰恭維

壽亭仁兄將軍晝錦延祺
介圭輯祜
龍光三接雲煙沾
御座之香
鳳詔五文羅葛拜
宮衣之賜
帝重長城士
壽人欽

大樹之盛即贊
綸扉莫名慕順　弟甫迎漢南馳懷冀北酒斟
蒲碧石方欲夏景之長花對榴紅頻入春
明之夢暫之擷茶芳之蕭艾獨深臭味於
芝蘭專布寸啓恭請
台安虔賀
午節伏祈
雨照不備　　如弟　　彭啓

户部主政涂
元甫尊兄世大人閣下：新春奉到（七月廿八接，[illegible]月初三交王晴[illegible]帶京）
遠雲，備承
厪注，顧
齒髮之多，愚益顏汗，以謂晰傻豪
惠錫東參，不遺在遠，拜登
嘉貺，感謝難名。茲際令節，天中敬維
閣祺，樾集

晉祉綏猷伍摺分

御苑之香細葛荷

宮衣之賜

贊遙在望雀躍傾心 弟 猥 頌 戒 旃 又

芬序後勞薪之多感媿遠樹之參閲

西來

河鄉風雨時和軍民安謐藉藏鳩拙

冀免覲瀆去年遣弁出塞買馬在

京諸函
閣照心翁已若又專原弁赴
部領文添購馬匹，飭并令其趁啟
台端一切仍求
照料，無俾留滯，尤所盼禱。叩承
摯愛，當不以瑣瀆爲煩也。專鄭工合謹
未省定期。伏汛將臨，深切焦慮。小兒
今年例應江南省試，知

合家

同身肅，布頌，敬請

升安並賀

年禧統祈

朗照不既　　世愚弟　彭□□

兵部左堂孫
翰林院高

加再啓

敬再肅啓者，正修南闈逕樓，澂鄉未佐知

沙河水勢甚漲，較去年漫決時略小

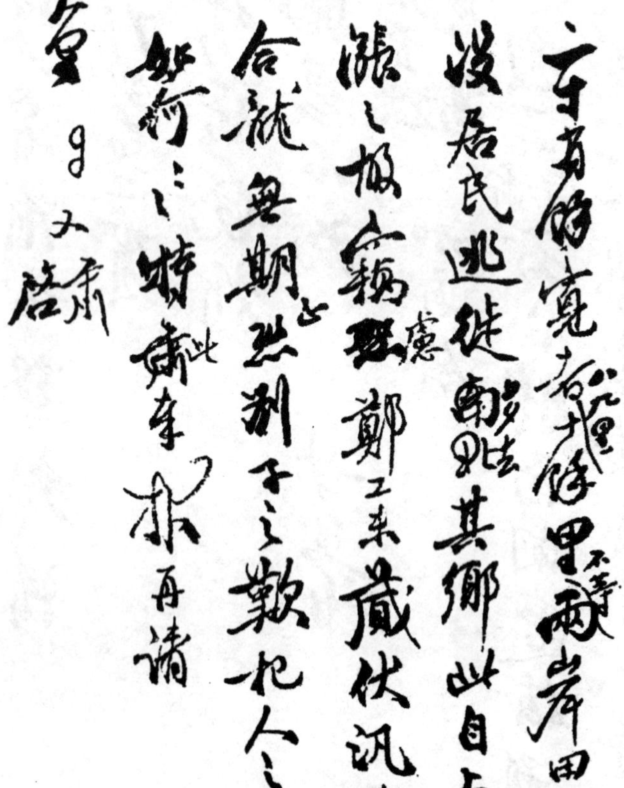
亦有寬者八九里不等，兩岸田疇之麥盡
沒，居民逃徙鄂北，其鄉以自上游黃流盛
漲之故。竊慮鄭工未蕆，伏汛將臨，竊惟
合龍無期，正深測下之歎，杞人之憂一時並集
如何如何，特肅此布，即請
大安 弟 文 啓

致周小谷　六月十八信

小谷仁兄親家大人閣下：久疏尺鯉，屢易圓蟾，每懷芝標，倍深葭溯。彪維長吉飄納祜，潭府延禧，承歡愛於堂前歟。

天倫之樂事，下風側聽，快頌奚如。弟行事
漢南，鄙無善狀，本年正遭大閱，整軍飭
伍，靡間晰宵，既建樹之無聞，益勞薪之
莫釋，以視
老兄優游里第，靜養天和，境躡仙凡，昌勝
歆羨。令婿孫君之事，前接
手札，後曾即函致朗西，屬其垂加青目。
其時又有天門之游，不審近日曾往訪布

否朗西亚家必讎安為位置斷不至
作馮煖彈鋏歸來也知
注微
聞專肅布達祇請
暑安統祈
愛鑒不戩　姪勳　頓首
姻伯
伯母大人萬福金安
賢郎近祉

致安陸府正堂周 信

小田二兄親家大人閣下：前月甫發一緘，亮邀

鑒掌。敬維暑伏，想

禔躬納祜，

政祉增綏，昌若顒頌。昔曾為

尊府館甥周堂嘉禮，看屏中雀，鳳管

和鳴，想見

福吉上堂，慶賀函亦。弟羈身職守，不

光趋叙
堂階影瞻
感與權遣小兒且往侍今援前尊諭
大著并備菲物敬贊助
香奩灌露添流殊慚微末尚祈
恒白卸者小兒揚期正近并有補考
餘料措事請
飭其早日束裝回皖留尤為盼禱專肅

有贊
大春祺請
合第綏禧
覆函不既　姻愚弟　頓首
覆揚州保甲總局候補道趙
小谿仁弟大人閣下池蓮送香庭竹篩暑遥[illegible]
千里心切懷人如渴
雲翩翩飛楊隔荷

霞情之綿渺敬諗

履祺篤祜

晋祉延釐於二分明月之間

樹百世金城之望

真源指示領頌心傾無既維我符臺公祥

壯形筆地方要諸部曲綏和輿見翹濡耤

藏鳩拯承

承知苦見援例持以縣令之都揚近通聽一節

義名寄薛惟自去秋黃河決口以來所有薄
田數頃盡在沁河西岸洪波泛溢穀粒無歸
故鄉辦賑築隄一切捐輸事務仍須首
倡以為州黨表率因是虧累負債孔多
一官惟恃養廉平時屢屢數用益值災
荒之際更覺枝梧維艱再四圖謀竟以絀
於一時未能報
命為負

雖素深明切，歎能尚祈
俯諒微忱，不以鄙悋
見責，是所企禱。專此馳覆，藉請
勛安，統維
心照，不宣。　姪名正具
雲督部堂裕　此信由右營專差齎呈
壽帥大公祖大人閣下：頃奉
賜書，諸承

垂注迴環莊誦感篆維深蒼濟玉露
迎涼金飈送暑恭維
起居納祜
鼎福延祺
燕寢香凝
挹西山之朝爽
龍光就涵逮
姑闕之

新恩老伯正

敝族曷名軒敍，叔樊石帯自五月以後九

陽日甚，幾田（圻兆）畦澤孔殷，雖前月十九日夜樹雨

通宵，西久旱之餘，未能深透，幸本月朔之四

日大雨連降，溝澮皆盈，禾苗浡然一新。

起盡姻首垣左右亦必豐穰，甘霖皆由

誠意感動一乎自然

嘉依余集三農發

福四境騰歡，凡屬寓儕同聲頌祝。專肅布
慶，虔請
勛安，伏祈
垂鑒不宣。治教弟　頓首
再啓
敬再肅者，昨屬君來見，已獲面譚，儒素
篤誠，洵如
尊論，既承

鈞命自當妥爲位置以仰副
大君子無忘故舊之盛心，梁林一枝，勿勞
廑系。敝部馬隊前營管帶官李修已隸
樸性樸拙，本非領隊之才，因其在營平時
操防尚無貽誤，因循仍舊，未遽更張，乃日
久玩生，縱任勇丁出營滋事，斷難再
事姑容，現已撤差，札委都司任斆文接帶。
前營馬隊所遺營務處事務，查有把總挨

措揚大江南北在皖營隨 官帶馬隊剿捻
於山東河北頗著戰績前年隨張凱臣軍
門駐守福建長門以孫軍力禦法人之晝
夜之久當轟雷擊營壘屹然經穆軍帥之嘉獎特膺
懋賞茲委以接辦於馬尾炮臺練可期得力除
另備公牘咨呈
察核外所有叉陳緣由謹縷覆
聞再請

台安統希
霽照。謹再稟。
再，前接
大教，悉鄭鎮中營遊擊一缺，已經
都憲特歸升調，兩塗會揭查調署。撫
標右營遊擊、鄖陽城守營遊擊岳秀
心地明白，操守端謹，在鄖城戍辦理軍民，聲名甚
好，自更調來襄三年之久，察其勤慎從公，始

紹九尚蒙

鑒拔以之閩補鄞鎮中營遊擊實屬

人地相宜（將來遠駐尚可聲叙如另外補）因公赴見晏若有去汎伏乞

鈞裁示復爲幸 再請

大安 ○○ 又肅

上彭宫保　附賀節信後

敬再稟者，昨閲邸抄，恭諭日前

奏請閲操已蒙

俞允，暫綴九伐之權，去萬六月之息，仰資

威望，坐鎮長江而以興，奉軍門代行巡閲，所

願養閒之暇

加意調攝者

國情身躋潞國之耆年，翊汾陽之勳德，凡在

門牆久同深頌祝之忱。違侍經年，馳懷
倍切。本應躬趨漢滸，京匡
行旌。昨聞壽帥將於中秋節後出轅巡
荊襄閱伍，恐
星軺鳳駕恰在斯時，屆期唯有仍遣趨
廷官恭候道左，代啟
鈞顏，藉伸弩矢之私，聊賦驪駒之意。
肅寸箋恭請

金安伏惟

垂鑒　文炳謹百拜　再上

致江南提台譚

江漢遥通魚書頻班

旌旗遠望鶴警為勞茲值玉露迎涼

金飈滌暑敬維

青崖軍門仁兄大人勳跡康績

虎帳宣猷

領蒼海之雄軍
風清組練拜
彤弓之
新命露湛
絲綸引暢
芝輝傾心蒙顧 弟即戎寨酒屢易星
霜自愧非才時虞履薄所幸地方靖
謐部曲綏和差免異議足紓

拳注專肅，即布祇請

勛安，並賀

節禧，統祈

朗照不宣

愚弟　楨頓首

敬再啟者：宿州營將擊米將占鼇年力

正強，曉暢戎事，在上江諸軍中，躋為

翹楚，近蒙

宫保獎拔以堪勝擢鎮

奏保該將感荷知遇定能努力勉勵馳

驅尚祈

執事於燕見

太尉前時加噓拂俾得稍展驥足

則仰沐

鴻施不獨身受者感戴知愛之亦請

台安昌名心謝弟□又啓

履新疆統領馬　贊府　轉借
昨奉
華箋備叨
錦注罣環雜誦藏在衣深袖珍玉字
秋篇數維
貴山仁兄大人翰大莊
廣蒼慶清荷
心簡於

九香棣

聲欬於萬里，引詹

吉語，式愜顒悅。弟歷從公，渺無許

狀，前以都中於老家衙置寶額郡會館，一切規辦並及成績律貫尚

多不穀，屬為轉達，今承

賜九塊，集三百餘金，實深欣慰。昨又接京

信，知本年秋試吾郡甚蒸北闈者已繇之，

集校鏡選館，賓至如歸。惟館中存

僉名多將來人來勤與正恐未敷足用
閱館例尚有潤屋一所可以購備
執事倘廣為勸助集腋成裘徐圖擴
充以視遠大則不朽盛業舍
足下其誰與歸翹跂
旌麾冒昧名瀆專所復頌
秋禧統惟
照亮不既

孟勇　頓

夔新任荆宜施道方 八月初五信

久殷慕

蘭未遂聯

韓旅驛使之傳來辱

魚書之寵貴浣讖讖復蒙以函中敬維

勉甫仁兄大人欽承

寵命榮莅

引階

王會成函
草尺書以招撫贊普
外臺持憲
秉畫籌而鎮荊門此時
攬轡以風方
參華風衛計日
開藩作翰
鳳儀

恩湛引領睇

旌麾傾心棨藻弟領軍襄沔屢易

星霜頻整暇之未能懔冰淵而倍時惕

所率討疆近接厘

西笑而非遥更欣音訊頻通與

南鍼之時錫專函奉覆祇請

台安敬兼賀

任喜敬完

大柬饒惟
眼答不既　　果萌　頓首
覆謝安陸府周　八月十七號
小田化兄親家大人閣下前月由來差齎覆
一緘計應早達
箋掌際此清商入律敬維
政祺日懋
鑒察秋高

揚召杜之化風

奏龔黃之治績

贊襄莅理雀躍傾心弟從事戎門頻更

蟾序歲月光陰虛擲建樹毫無賤內賤辰

昌啟文壽乃荷金芍

遣使遠賜依存既

吉語藻荷之有加多譽優

隆儀佳頌之豐貴愧悚汗益用鼓惶謹對

紀綱拜領仙乩，八翼風知
郎廚品物，遠勝他郡，肥隽登盤，已堪飽
德門以留客，壽事孫壺其餘
佳貺，敬爲鳴謝，想
知心有素，必不以矯飾見責也。今援媒侍勝
閣下
戲懷江南場畢，小兒計日蘭田，亦旋本月杪可至
大尊碁載，今其同歸，哉隨後遣舟來接者耳

尊三母嬸〻壽齋鳴謝禧請

安並賀

常禧統祈

愛照不備　姻愚弟　制

謹啟　鐙齋餘珍璧

謝

姻姪　姻姪

爰後前往河南浙川廳方　八月廿七

又僑仁兄大人閣下昭奉

賜書如親

謦笑，寤之不寐，且喜且悚。敬諗

履綏延釐

潭祺綏勛，載得兆頌，萬億門楣宜之

囊呈陳氏筆遺，校閱之期，望抱騰騫之志

妥說頃下奉，遠續之大令於廿日擬即晤敘

之復示以

尊函據云，此後量移，而延友朋已有人，須得於

事惟素

執事為先世舊交，辱尊下賁臨，禮庭欲於接納

遠館接養深愧頗楚者兩面袁道送大梁兩

地相戚莊為實倫，如不嫌鄙陋，即請

光臨，其備舍若干，須候

駕到時定議。第觀其萬念頗蘆意甚

懇勤，想鼓足吹笙深盼

嘉賓之來止也

[illegible]非遠蜀名欲舉[illegible]此年復被害

秋高鎮嶺　[illegible]耳

朗照不既

愛鄉　蓋臣鎮軍　一月先日佚

蓋臣從弟大人麾下兩奉

手書備細

本擬敬審

頃祺　日楙

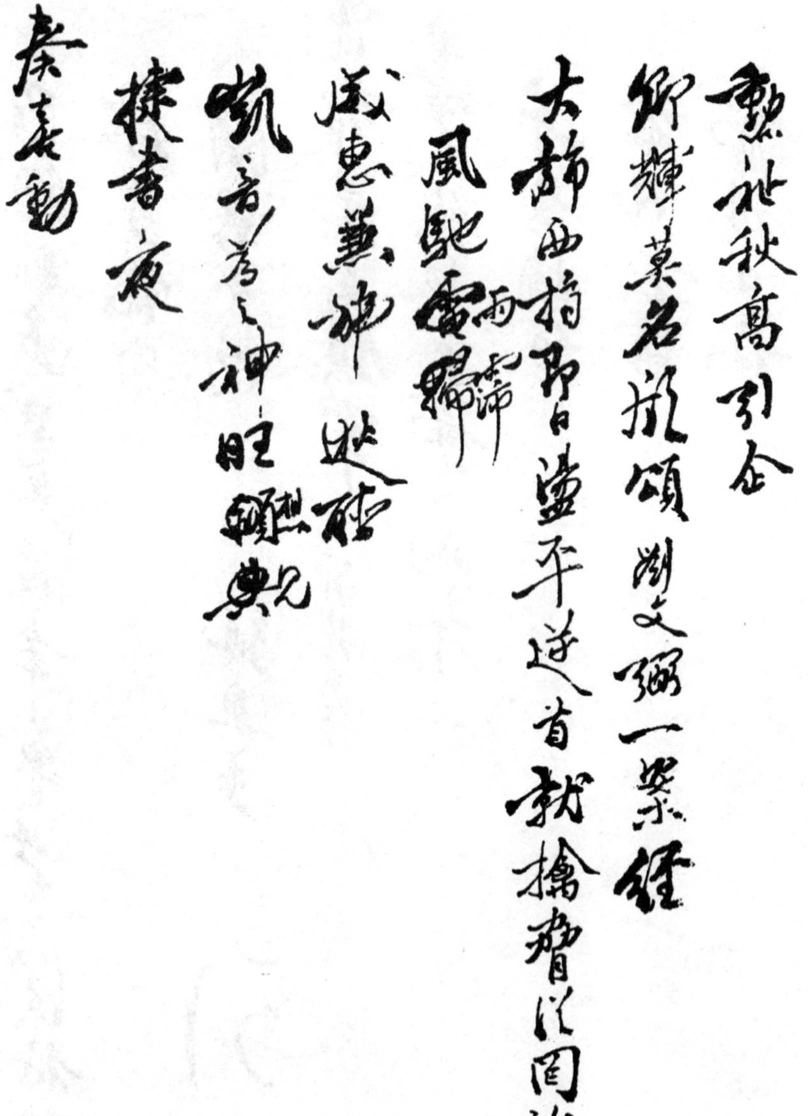

天顏，亦賸圻賀領典，近年事之當張前議

得否

尊顏，爲詳述悉作罷論，欲一紙書貿於十部

從事，以備江西各刊金陵，其書暗由

鈞領

指揮。鳳定與中有所遵循，打爲破深盼，以免謂

兄仰蒙

教誨，心感無已。惟江北荒旱數年，價騰，擬借洪波

卅

年又逢凶歲，民人乞食，將成奇災，如何如何。惟

為廑慮耳。專此，即覆，祗請

勛安，諸祈

荃照不備

如兄 十一月

致翰林院庶吉士楊 月廿九日信

蓮府仁棣太史文席：鑿媒遙瞻，魚書罕叩，

無懷

芸采，時切敢思。近維

旅祉亨嘉

文祺綏鬯

騰芳吳下馳譽江東遠道欽風彌殷忻戴

頃弟株守虎門渺無非狀近以本屆大閱

整軍飭伍靡間昕宵蔬味希逢薪

勞滋甚所幸賤軀尚稱頑健公務均

託順平差堪告慰

緒懷耳　前於乙酉秋杪後曾託漢口電

報局李仲平兄代寄洋蚨三十元去，否
書至未曾言及。本年六月又由仲平處寄去
樊平服壹伯兩，送至田蘋模署轉交雲逸，今未接
復函示悉
執事曾否收到，尚祈　你平
見示，以免懸念。如有錯誤，可及早查詢也。傳說
順祺諸惟
照應無不盡　思元
　　　　　　　　　書

上撫部堂鈞諾　八月廿九鐙

壽帥大公祖大人第下昨肅蕪函遣弁賫叩

行旌奉迎

大旆亮蒙

垂察頃閱邸抄欣諗

有萬疊奉

恩命以書試視學山東仍兼鄒魯儒生盡屬

公門桃李康鳴宴上玉尺雙持引領

德門昌名順說惟聞武漢一帶以本年歲暑
疫癘繁興
文郎與女公子婿並偶嬰癘疫從恒化側聽淒
驚愕難名想
顧復恩深自必逾恒悼惜惟是修短之數
皆不齊賦命自天非關人事抑或善才龍
女小謫人寰偶現曇華便歸正覺今
來去往返者如斯尚祈

隨遇寬懷勿備

襟抱風知

達人善遣不以莊生齊物爲寓言也專函

奉慰 恭請

鈞安 伏惟

霽照不宣

治教弟 炳首

覆黃海樓觀察

海樓仁棣大人閣下：昨奉
手牋，備詮種種，就審
元旋叶吉，想旌麾西指，早已安抵
珂鄉，萊綵承
歡，一堂融洩，式劭
吉謌，慰頌奚如。前奉
尊屬查彭城寓公館一所茲接

面示當即退去所有房金先已代付匠人謝
未母庵
所懷 在仰所難約期十月將來道出襄
樊捨舟登陸自當迎候照料稍據東道
之忱以副
雅命承
令官君下第既為吾
弟至交理應代謀位置惟 李傅相前向無

薦牘 壽帥幕府之患人浮勉爲説辭

亦思無濟外此則錫麟之託難爲達士

之梅再四回請猶以行終

君而西爲得押函於行李有缺乞自爲時爲

接濟以静候

錫侯之來諸乞

放懷毋煩過慮尋齋布復祗請

台安統惟

愛照不既　姪　叩

老伯大人、伯母大人曼福金安

尊夫人以次均吉

覆江寧豐將軍　九月廿七信

漢文仁兄將軍節下　睽奉

賜書備承

厪注，既欣風云，彌感篆五中。敬頌

勛祉　狀高

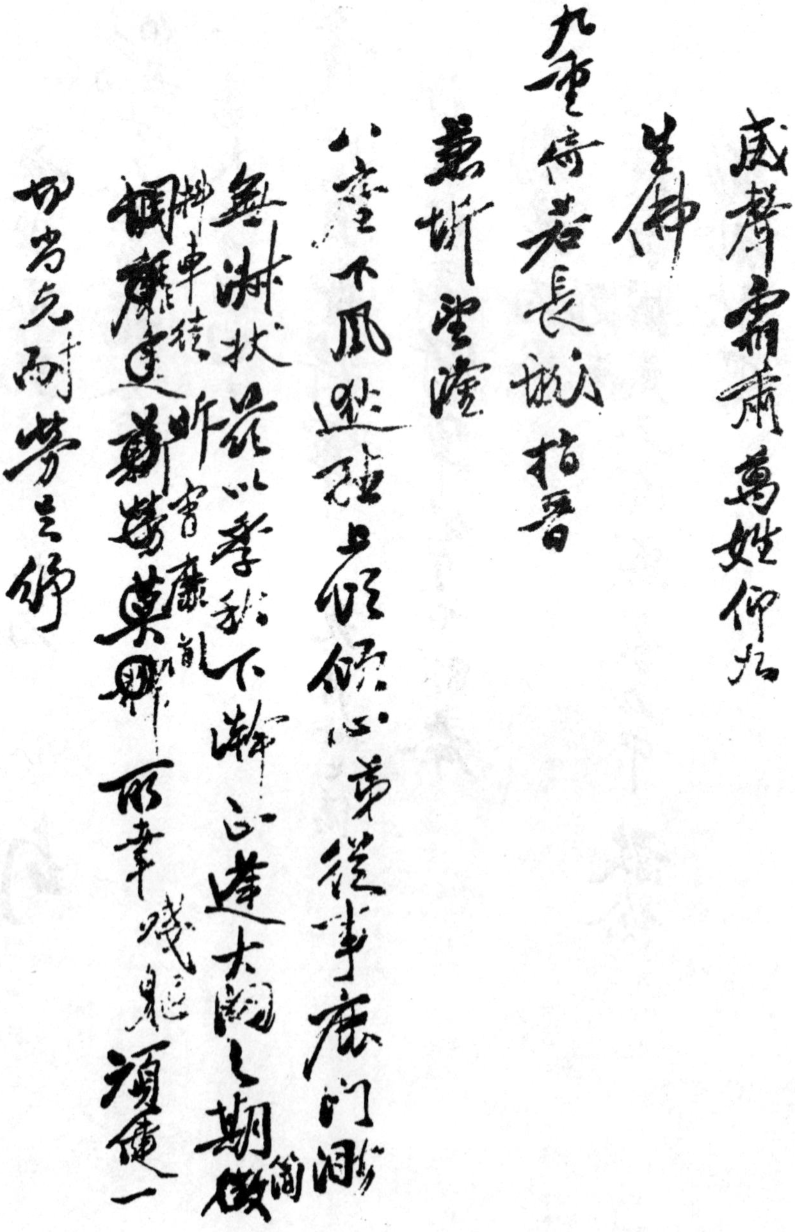

遠承光荷嘉

兼受寵賚有加，既隆

推解之仁，復拜

提撕之訓，過情之譽，非所能堪，慚惶有策

甚。努力用功，以冀無負

期望。於萬一異時倘獲寸進，悉出

長者成全。引企

龍門焉在啟事瞬聲齋鳴謝敬請

台安伏祈
愛照不戩　如弟　[illegible]侍叩
賢學台祺
九月廿七信
少金仁棣大人閣下昨奉
華牋備紉
藻飾臨風之懷感泐無已敬審
履祉亨嘉
晉祺蕃祜至爲頌慰兄從事鹿門碶

如蓭吾兄秋高氣爽正逢大闈之期
壽帥節鉞已臨旌約需五日可達殘輯
使一切尚克耐勞苦否
尊註小兒前在鄂請謹叩
台端哂納蒙
錫查之加復拜
拙撰之詞過蒙之獎誠非所堪惟有
其努力用功以冀仰副

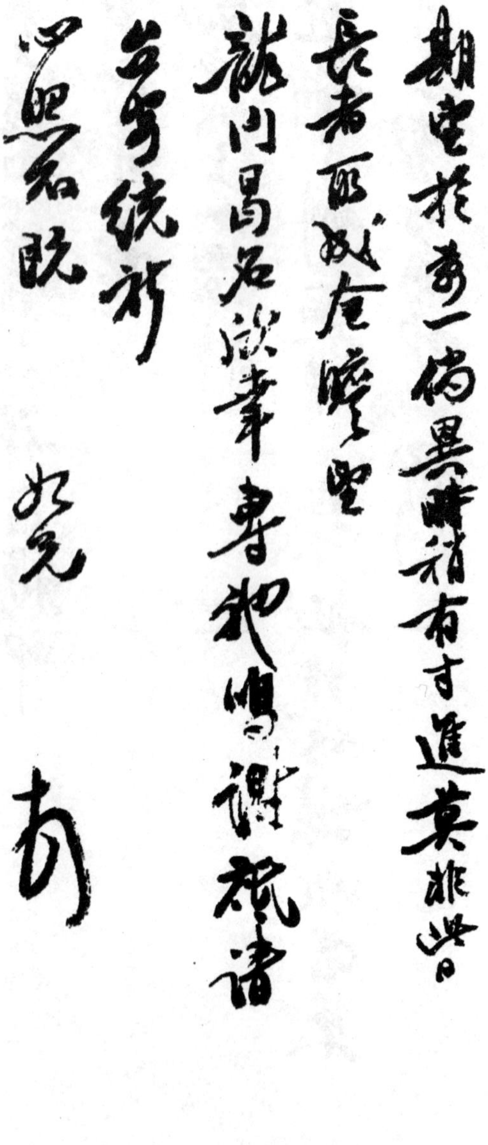
期望於弟一倘異時稍有寸進莫非皆
長者所賜感合曉望
謹此昌名欽奉專肅鳴謝祗請
著安統祈
照名既 如見
[illegible]

賡瑞都護 九月廿七信

寶臣仁弟大人麾下 展誦

惠函如覿

塵教就諗

勛祺日懋

晉祉秋新，遠睠

鄉輝昌名，欣頌兄從公歷祿，勉善之陳

壽帥勝行以廿五日抵襄閱視諸營約須

四日方克竣事，幸賤軀粗健，一切尚堪耐
勞。計
帥節赴鄭，應在下月之朔。○旋舟東邁，
正當明蟾三五而圓矣。知在
藎懷，敬問
左右，專肅，祗復，祗請
台安，統祈
朗照不宣。 如弟

再啓者，承
示丁將一節，敬聆種切。丁將勇敢勤練，誠
為佳事，弟兄所心許，其提標中軍缺，即
也為之升補者，前赴閩省亦援以指臂
之任，惟該將性情稍卞，在衰與同官鮮克
和衷，有玷協恭之誼，如能平矜釋躁，改
弦更張，尤當商之
制軍，徐圖報

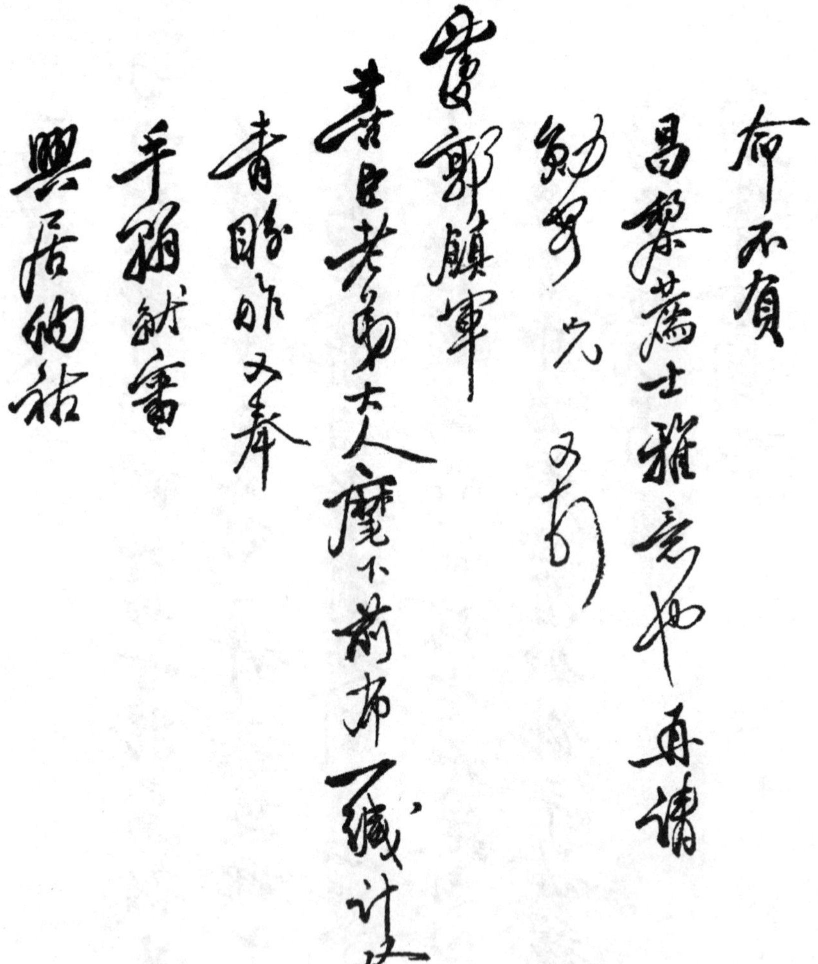

譚祉彭麻函爲慰收兄從公漢沔赴
湘之陳兹当大閱之期
壽帥雅麾刻已蒞止周旋應接昕夕靡
遑所帶炮艇尚乏耐勞之師
遠注小兒金陵應試荷蒙
道愛獎飭教誨有逾尋常心感無已恐
頃之欽印函覓便寄還以歸
楚璧幾不收久矣期會也
壽卿都坡

祇請
台安，統祈
心照，不備。　覽

寶臣友濂
友濂仁兄大人閣下頃奉
賜書，備承
獎飾，閱緘雒誦，感愧滋深。敬維
勛猷延庥

謹禀仲祜至為欣慰
令兄大人前在皖北造福民生遺愛在人謳
吟弗替 弟夙蒙執愛厚在心交此次
移駐穎陽桑梓尤蒙福庇盼露濃
至擬手簽一束上陳方深慚怍重勞
齒及並用競惶前閱鄉村知 六冊業已
賸陳鈞鑒 並飛章入告
聖明優卹典禮有加 敝鄉士民感[illegible]至不窮[illegible]須[illegible]同[illegible]

感愧此壽康布復祗請
台安諸惟
原照不宣　昱頓首
上贊部堂翁　十月初二儀
壽卿大公祖大人節下日昨
大旆出郊未能追送隨途寸衷展轉悚歉難
名在狀維
叢衛增慶

起居納祐
福星朗（所次）耀風靜波澄翔企
行麾傾心顒祝〇〇以馬蹶失墜（頭目皆）暈
眩登舟旋暑（後）徐為檢察始知附膝略
有墊傷萬即延醫（診視）服藥之帖外加敷治
約三五日即可平復如常知在
藎懷故以告
慰專肅勛布恭請

鈞安伏祈
垂鑒不戩

治教弟

頓首謹肅

賀督部世裕 八月

敬肅者前奉手緘計達

鈞覽昨閱邸報欣諗

介翁榮膺

簡命晉秩卿班館

鳳閣之樞機贊

龍墀之批答喜音遝聽欣抃莫如恭維

壽師大公祖大人荆樹齊芳

棣華競爽
西京楊氏一門位列公侯
東晉庾宗羣季任兼內外
帝隆心膂人仰
星雲引企
祥輝莫名欽羨頌〇〇奉職嚴疆忻聞吉
語雖鳧趨近阻未伸摳謁之忱而懸
賀情殷敢負萊壽之頌專肅馳布

敬請
勳安虔賀
大喜伏惟
垂鑒不戩
治教弟　頓首
敬再肅者昨得令家書知近日沙河一
帶水勢驟漲城近田疇已被淹沒此上游
黃流增長之從來未審鄭州工次情狀若
何竊深廑慮曉夕翹望此次辦理賑務

竭盡心力地方感戴萬口一詞乃忽於本
月十九日因病逝世身後諸事均未預置倉
卒之頃聞 弟 家中存有花板一具經郡縣
借往應用並議酬價五百金弟思與晚
香多年至交豈忍受其價值刻已飛
函往辭如萬不獲已擬即以原金作為奠
儀以稍盡故交之誼與辦理不識有當
尊意否為祈

裁示為荷 再請

鈞安 弟[illegible]頓啓

致 拾遺府箇 領州府曹 阜湯兆劉 鎮西仁兄 實甫公祖 石齋父台 公啓 五月朔日信

大人閣下 驚悉道遠 奇書題班

鴻儀 馳望 企想維殷 今者節屆天中 敬維

晉祺納祜

勛祉綏猷

樾林量荷芳辰

秉陽和以敷惠梓桑蒙
福蔭藻蘊庇 弟久維栽樹切無建樹昨
得舍下來信知本月初黃流驟漲後吳合二河
兩岸田禾盡遭淹沒農民失望不免離居
長官撫字勞來勤劬可想側身東望寤寐不
歎曉香觀察辦理撫恤積勞仙逝家東
蛋耗悼愕難名聞自後一切均未預置倉
年之深以弟家中花枝應用並知

公議酬價五伯金等情伏思弟與曉滄多
年至契此番在滇加惠於地方者尤深[illegible]
然滄他（方伯）饕門之痛當以一點之微收受價
值况弟昔年（製）辦（時）此一所費尚不及此數務祈
執事力為婉辭如係世兄不允所請弟當以
此項作為奠敬稍盡舊交之誼目睹（不忍）
昔之盟於公義私情庶幾兩便如此辦理
不審有當否為乞

卓裁示覆為幸專肅馳布敬請
午安統惟
丙照不既　治生弟 [illegible]
覆侯選員外郎袁　五月初八日
敏孫仁兄世大人閣下前專差回貴列
手書備承
眷注情風雅誦無任神馳就諗
侍福安緻

潭祺納祉
軒車雷邁，計日抵都，遙瞻
吉雲昌名欣頌。鄭州工次，聞有識節合龍
之信，甚慰慰。惟徽鄉沙河一帶四月中旬以
勢漲長，田禾已多淹沒，不審黃流皆形
勢何如，備條寄收，據長旋，請則於大工當
可無礙
文瀓公宅兆安葬有年，壹是平安，即為廣集上福

地河水既不至相侵，則築隄似非所急，現以
文誠公功德在人，
閣下恭思感格，自有福祐，此皆他處輿論僉
謂，非弟一人之私見也。四世姪蓉舫津門日
臻清健，聞不日即可銷假視事，欣慰無已。
已可視疾，愈後仍以常服調理之劑，以期
早日復元，尤為盼禱。○○五兄前月壽辰，亦擬
援例奉黃庶為集賀之舉。弟健寄石全

深為歎仄。薄宦情狀，未識能邀原鑒

否。專此布肊，祗請

鈞安，並頌

年禧，統惟

丙照，不戩。　世兄弟　均之

師母大人前請於行轅中叱名請安並叩

鳴鑾

敬啓者昔年

文誠公在閣中所收古銅鐘鼎諸器久為士林所羨
仰多以未見拓為憾者有友人屬弟向
執事乞取拓本一分想吾
師舊日拓本必有存留餘賸之件倘
暇時檢賜一全分每器一紙注明器之名目
交此次搨差攜回更為感禱緣此友人纂
錄彝器款識海內藏家如陳壽卿叔文
潘伯寅司空諸器皆已得有墨本獨此未

得者

師所藏爲懶故弟特爲介紹以饜其考古之

心如舊墨本未留搭尋可否覓拓手就君

器逕拓一紙早爲

賜寄尤所切盼時

覓奉趣再續

台安鵠候

德音不勝跂望之至弟　又啓

覆前貴州巡撫部院賈　五月廿四號

金門中丞仁兄大人閣下：月前獲接

光儀，飫聆

大教，清言競爽，歎羨平生。昨奉

華箋，備承

存注，結遥思於天末，彌感佩於私衷。敬諗

泰祉延釐，

譚祺迪吉，林泉閒適，

杖履優游引企

卿輝昌名頌說　弟辭舞陪繞道穀城小

事逗閣匝擇襄湯浴豫紛乘兼旬始畢

重以炎暑將至雨澤愆期隴畝晚禾尚

多未插農人望歲如渴如飢幸日來澍雨

欣盈四野借諗

珂鄉福德以來藉渥叢慰集以高秋氣爽

倘能

命駕來憙同登峴首當續平原之飲遠希
河朔之遊尤所欣幸
今坦夔甫太守華望清才久為上游所重如
有機遇自當盡力揄揚也耑
廑係專泐布覆祗請
台安統祈
愛察不備

遲頓　拜首

後安陸府周 五月廿四[illegible]

小田仁兄親家大人閣下 頃奉

賜書備承

記注 敬審

禔躬綏祜

政祉增綏 遠符眂頌 詹子安明府之案

弟即詢之 菊城大令 據云王姓在四川兌銀之後

即至沭梁詹君斯義歸取銀而該歸已到

帳閒歇，隨同中人董姓到樊號，則此次四川所
辦之油煙皆已在樊，王姓素帳誑樊號，始
則允還，繼則延宕，後乃以油煙四百石抵銀
若干，餘項許以今春清結。及王姓春間來
樊，李安以經手之營雨農隨往利川，竟不認前帳，以致成訟，經蕭城審訊數
次，並呈出營雨農在四川收銀及買貨各信，據
又去年已先將油煙四百石作抵，而樊城實為
總號，其名分應繞由李安主持，權攝碓數

故有押追之举今子安逃追子安谨其所言于

友濂军门前者大都一面之词而帐未清结

讼案难销以弟愚见子安补办难关欲而

双方生意尚将就不能因此拖欠久延不

出自操局面

执事何不可将此意告之友濂军门劝其

君早归俾中人居间料理帐目事似为长策

不宜久推诿也郢中郎两经

賢太守爲民請命，立雨布甘霖，想見白叟黄
童歡聲載道。此間亦望澤孔[殷]，晚禾未插而
早苗將槁，日日設壇祈禱。昨今兩日甘霖
既至，四野沾足，豐年可望，差堪告慰
蓋懷也。專函馳復，祗請
台安，統惟
心照，不既。
陸宗樹徽　　姻弟　　頓首

致督院稿　六月初七信發

壽帥大公祖大人閣下：前奉
環章，敬悉陳請事件，已蒙
鈞察。盛暑伏惟
旌躬安福，
珍衛咸龢，
福吉日增，
勳猷夏大，至為欣祝。茲有請者，胡光墉

守備田占鼇猶今供職尚稱勤練惟體
察情形博采輿論似於該營人地不甚相宜
現擬以桂標右營守備秦承恩對調署
理又桂標前營守備李國炳辦
事諸形竭蹶惟該弁在官未有劣迹之家
計擬寬其未役遽與撤任亦擬暫行調轄
差委所遺前營守備缺擬以千總閻國
瑞署理庶於該二營營務均有裨益備邀

俯允即请
加札委署以重職守，俾為慎倚營任覺
是否有當，伏祈
鈞裁示遵行　曾名聯謙集鄉發
比來望雨甚殷，早前經鄉紳設壇祈求大雨
徹夜禾苗沛然若甦，日內繼霑甘霖
則豐田可為，雲語是秋成可預卜矣。知在
藎懷，敬聞

左右專肅馳布，恭請
鈞安，統惟
霽照不宣。治教弟

致河南撫部院倪
近接
棠疆時切
斗山之仰，每懷
芝宇彌殷。迴溯之思，願慕倍之多飛流益

蓬心之滋愧歉維
劭岑仁兄中丞大人金符甫望
赤棒宣猷
穆兩粤之福星
沛中州之甘雨
河渠運策
九重之
倚畀方殷

礎柱銘勳萬里之徼清可卜式龜
蔡戟莫磬軒轅 弟猥領戎旗屢更歲
籥年華虛擲時虞鵜翼之需建樹無
聞空切驍騰之志所幸地方靜謐部曲綏
和衷差免見绌於樗材長揆分光於
機鑪
瀧門匪遠鵠跂雖勞聊寸箋祇請
台安統希

鄉愚弟　　頓首

敬再啓者：客秋聞鄭州隄潰，河溜南趨，
豫皖之交，災情綦重，商與安襄鄭荊道漢
東屏觀察公同酌議，仿江浙近年協賑之舉，
合啓倡捐，籲觀察執事厤鄉船分致勸募，弟
則於所轄各營汛，持啓廣爲勸（一併相助），自官紳商
賈軍民人等，不論多寡，悉聽其人之樂輸。

霽照不戩

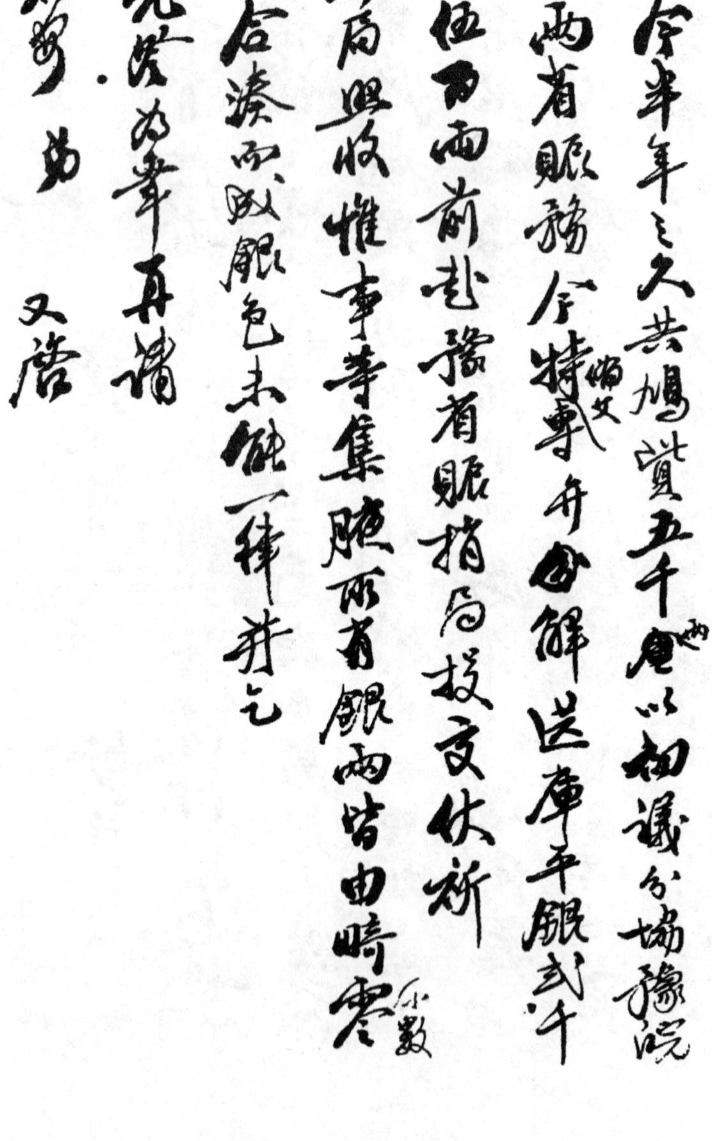
今半年之久共鳩貲五千兩以初議分協豫院
兩省賑務今特弁匯解送庫平銀弍千
伍百兩前赴豫省賑捐局投交祈
飭局照收惟事等集賑所有銀兩皆由畸零
合湊而成銀色未能一律并乞
亮詧爲幸耑請
勛安　文啓

致安徽按院沈

六舟大公祖大人閣下：兩易蟾圓，未通鯉牘，緘

署伏維

勛祺夏大

福祉日增

惠恩撫民

忠勤嚴

國下風，翹首上傾，傾心於跂者，舊秋聞鄭州河

淩黄、潞、商匪逆計皖豫之交實情專定。
○南與安襄鄖荆道陳東屏觀察籌議
擬仿江浙近年協賑之法，合啟倡捐，遠奉
賜函，以皖省南北被水情形
見示，曾以此議敬覆
左右。副東屏觀察綰射取屏鄉縣 詞之前稿
專弁解送庫平銀貳千伍百兩赴皖省賑捐
函投，並 詞之合寄稿 並乞

亮賢為弟專齊寸緘請
台安統惟
霽照不宣

治教弟　頓首

致河南賑捐局道司
諸位仁兄大人閣下敬啟者竊據遞通來函敬悉
韓之願
龍門遠瞻時深御

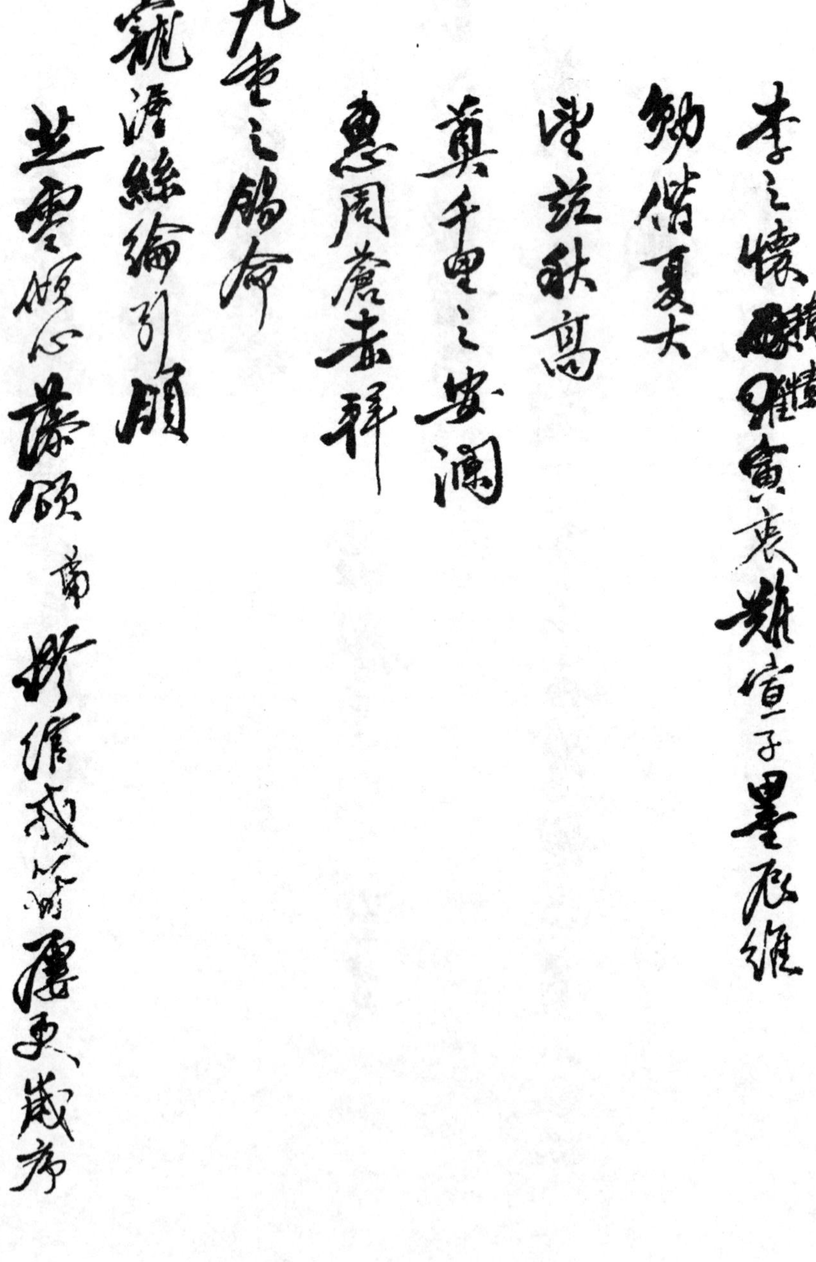

駒光虛擲熠指渥撕去秋河決鄭州決
河黃流南注逆計陳潁以下遠者其衝
豫皖之交災情尤重爰與同城陳東屏
觀察公議倣江浙近年協賑之法合啓
倡捐觀察就安慶鄭荊四屬郡縣分投
勸募弟則令以所轄分營汛持啓一牋相助
敦勸自官紳商賈軍民人等不計多寡一
聽其人之樂輸迨今半年之久共集貲五千

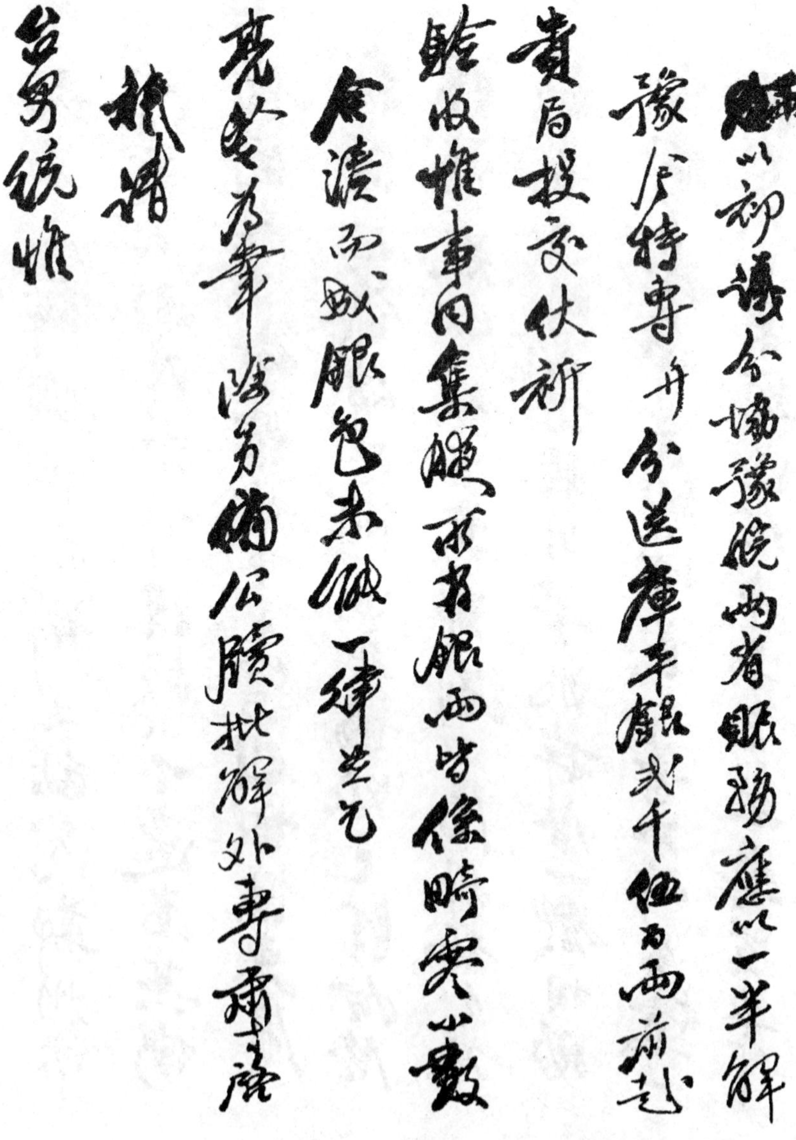
屬以卸議分協豫皖兩省賑務，應以一半解
豫。今特專弁分送庫平銀弍千伍百兩，前赴
貴局投交，伏祈
驗收。惟事由集腋，所有銀兩皆係畸零之數，
倉遽而致賑包未敢一律，並乞
亮察為幸。除另備公牘批解外，專肅，敬請
籌祺
台鑒統惟

賬目不備

丑月　彰台

兹將繳賬換爲候補道張

遠勞

樽𢯱蜂更屢易寒懷

芝宇翹望維勞既積悵於寅衷信難宣

手字墨敦祖

敬堂仁兄大人勛伯夏大

即並秋安

極中澤〻鴻藻

惠周蒼宗拜

新息楊

蟋壁

竊匯絲綸到歸

材華緒豫彼弟頗成最漢歷祿以頤去

歙周鄭州河決為以渫頗兩郡遺事

安徽皖豫豫夷情綦重与同城
陳東齋觀察籌議防江浙近年協
賑之法合詹倡捐遠奉川
舟中丞來函以皖省南北水陸情形兑
示隨即將此函寄
中丞並東齋觀察能安輯鄉剿四屬
郡縣 諭將全省積弊應以一半解皖分撥
東齋分送庫平銀八千伍佰両前赴

貴府探親　詢今前五日　秋請
台安伏惟
愛照不宣　[illegible]　[illegible]
覆甘肅蘭州首道台饒　七月初五
子維仁兄大人閣下前奉
琅緘備承
錦注派風：德戲篆五中，茲際玉露迎涼
金飈送暑敬想

梳
鼎纏駿畬迓
晉社餅餚
樹偉史於西州迓
新具於
北闕
想藏指矽葉蔭心傾萬縷成符履叉
歲輪駒光虛擲鳩拙滋慙所幸部曲
綏和轄疆靜謐無忽隤越呈獻

傳存令勇氣質沈靜刻苦教撰後堂都
司受事以來諸稱妥愜遠承
雅屬自南中心感之遇有機緣定爲位置
留其力
屢承家兄蒙
委蒲水收釐局心異何以堆近年身累甚深數十口皆待哺
重台（自向）家鄉多事時此一官更兼故鄉黃水（重台請此差務收數日減一經比較不無譴責因是抱憊殊深兢懼）
爲吠案揮之爲廉時能[illegible]備數

福庇，得以詶劇優差，則感戴荷
鴻施，正不獨身受者盤戴之，亦深知其重
也。遙企
德音，莫名頌祝。專肅布凡，祗請
勛安，并頌
秋釐，統祈
蔭照不既。

王甫　頓首

賓四川建字前營統帶 都 璧臣率 自十六日借

華亭仁兄大人麾下 月前 接奉

瑶函備叩

綺注遡繳之後蒙竹五中並值玉露迎

涼金飈送暑敬維

鴻勳林裕

駿祉蕃膺

勇邁以花卿

虎旅壯猷思之色
息隆
楓涇
鑒書拜
賜覆之休衍擁
前旗無佐葉落亟
示馬邊電飛躍事官軍道鄰情形
仰見

贊畫周詳智珠在握具責推重需忌
巧運往哲名之言識義不可易况
執事統率勁旅身在行間前後所懷者
諸凋款要乃調查以辭視寺帶侯坐
失事機閑之慨歎昨閱邸抄見
制軍 奏莫劾十餘營已邀
俞允想 尊軍既集用以四面兜剿必為掃穴擒渠
麾下功甚高幕府論勛指膺

懋賞騰頒賚，弟領愈如舊，渺狀奚益，
幸部曲綏和，地方靖謐，藉慰藏擬，
月以來，
董懷專此布復，祇頌
捷麾，順請
勛安，維照，諒餘。
朱照不備

弟

㪍

己儀

賀湖南巡撫王 制任並中敬啓
七月廿五日

葦邨侍

鴻儀時殷穮跂聽

嘉音之遠離慶

吉羣之允升慶洽寅衷歡騰子墨茲值

獻歲西膺魚菽泉鱸若緒

尊石中丞仁兄大人圭璋瑞蚌

祥凝旗戟

謝太傅山中養靜
心繫蒼生
鄭司空河內重來
惠闔赤子人瞻
繡衮
七命增新頌
帝眷彤弓
兼圻即晉軍民鐫頌頌八座宗欽風 弟猳頓

我等迭經佳節，悔年華之虛度，愧建
樹之毫無，所幸轄疆均託敉平，部曲尚
稱綏靖，冰淵時惕，救貧之難謀。
棨綏常承喜
龍門之姚山遐，專肅馳賀，虔請
勛祺，頌
秋釐，伏維
垂鑒不宣。
教弟　頓首

賀浙閩總督示　由揚州探投　七月廿五保

速侍

光儀匪更歲蔥一瞬

榮遷南服迭聞捷報西來慶溢寰區

欽騰露布旌旗看金風扇暑玉宇澄秋恭維

頌臣制府仁兄大人節鉞揚威

圭璋觀

寵晃塵迎候

郭細侯河内重臨士庶歌呼

李贊皇浙西再任

丹墀畫接書勁

天顔

赤寫

翔田蔚啓

公望肅民額賀寰宋心傾萬猑縉戎旗

迭年今衍年華虛挪建楷矣閩華

轄疆均託敉平部曲尚稱綏靖堪淵
時賜懸鑒戴之難勝
矩矱常頒覽
龍門之邇遠專馳寸啓敬請
台安祗賀
大喜并頌
節麾統祈
霽照不備
教弟 頓首

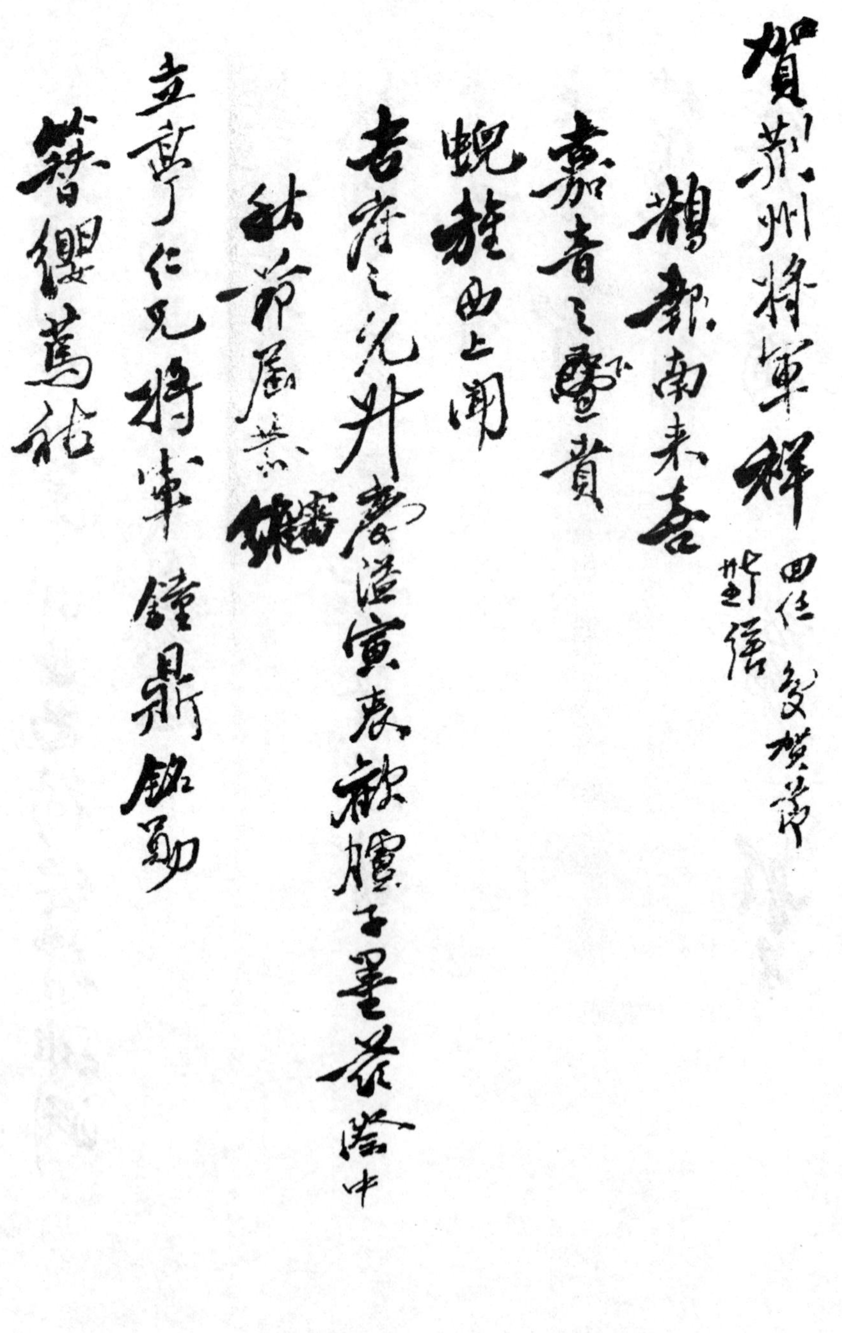

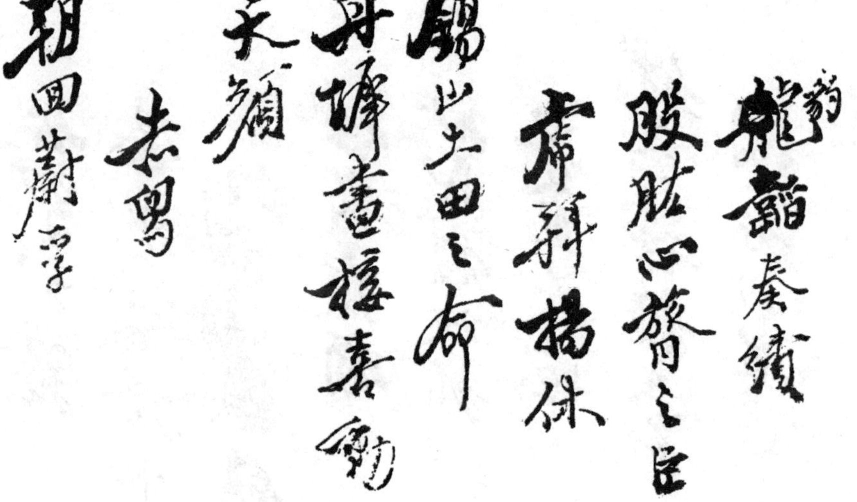

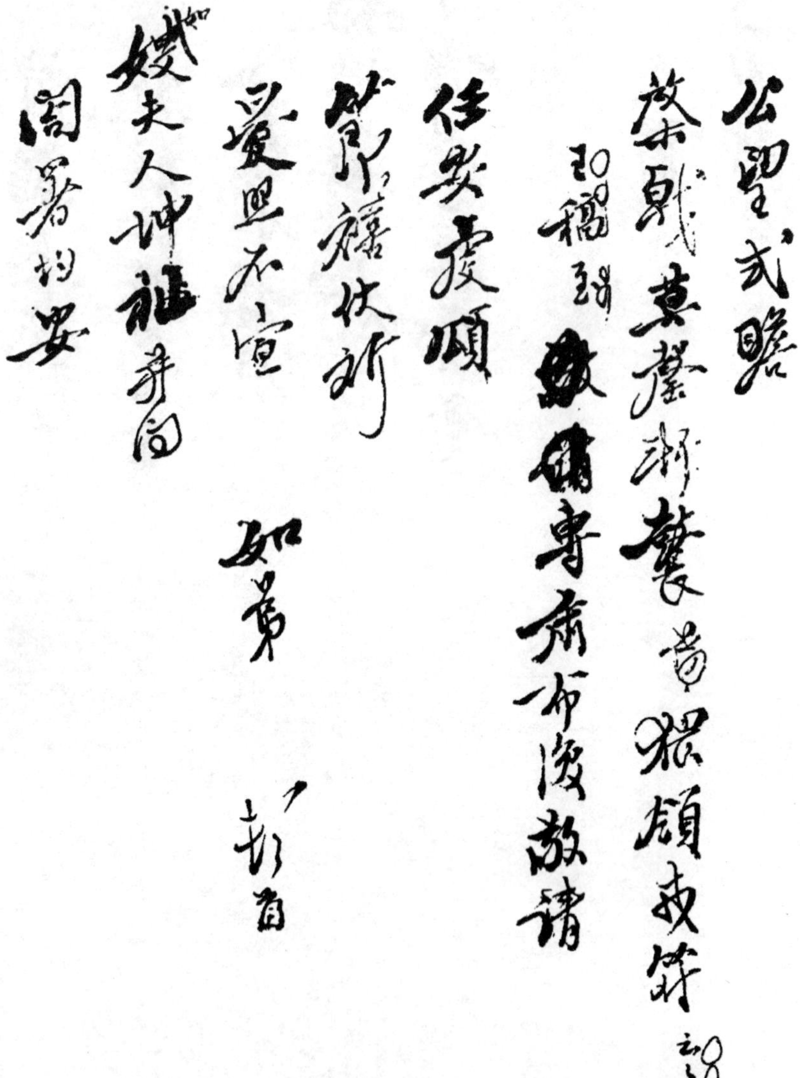

荆州副都统瑞 受贺节 七廿缮

昨奉

华缄备承

绮饰浇薇薇之後 蒙饷五斗花露玉宇[illegible]澂

翦（空）银河紫户敬缮

宝（色）化样大人豹跂肃璧

虎帐宣猷

棨戟香凝

佐三荆之重鎮
封圻袁嫡晉匯
九陛之
新恩引睇
贊襄遂低心崔躍兄漢陰從事佳節
頻逢梅芳序序之如流姚修右之未立所
華轄彊請謐部曲綏和異免纓言尤
足錄

存注曹甫布復祗請

勳安并頌

节禧不戬　　如兄　　敬首

弟夫人坤福

姪女吉祥

再啟

敬再啓者承

示荆州城守营右哨頫外何桂芳等因敬悉查

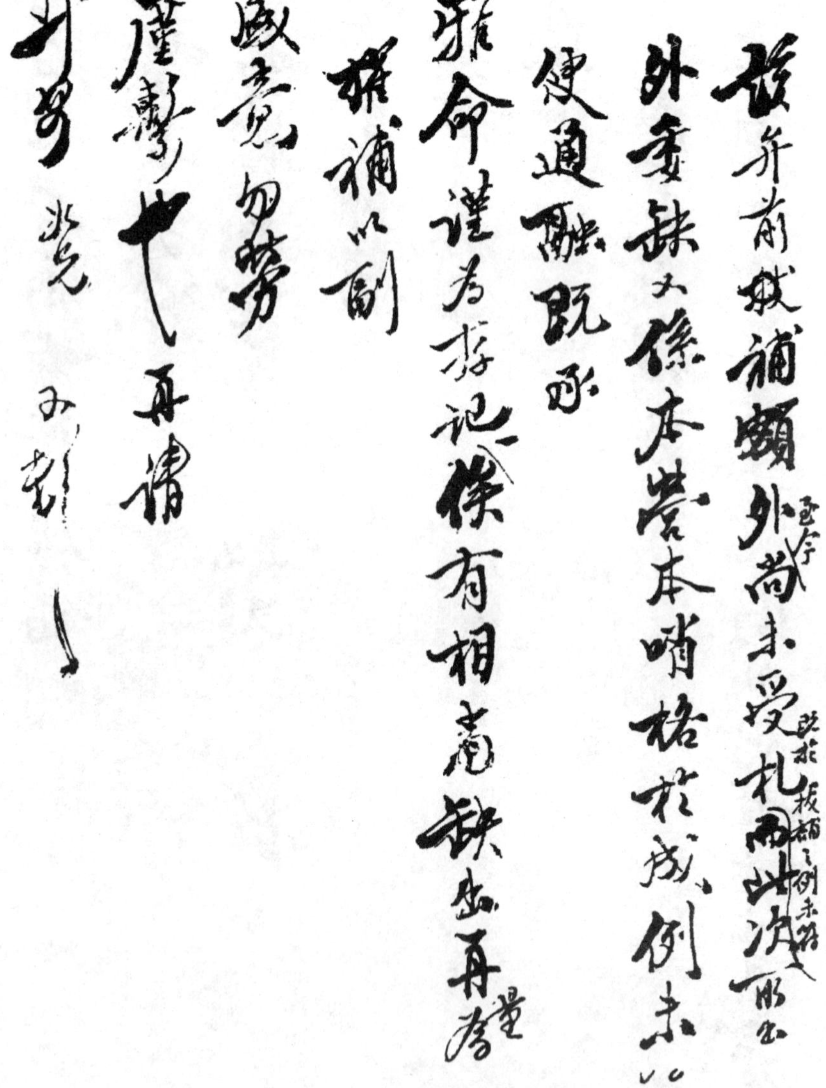
設并前撥補額外，尚未發札，此次
外委缺，又係本營本哨，格於成例，未
便通融。既承
雅命，謹為存記，俟有相當缺出再
撥補，以副
盛意。勿勞
廑繫。此再請
升安

致江西九江總鎮朱　壽春守西頓首　八月初四日

春山仁兄大人麾下：鷺堠遥通，魚書緘安抵，每懷

蘭契，時切葭思。茲審桂序秋清，

柳營風靜，敬維

履祺篤祜，

晉祉綏禧，

林夏風流，

坐鎮（雄領）潯陽之重鎮

宇文懿範

尉為江右之干城

鳳詔褒錫

鸞書進褒下風翹首止瀨傾心弟從事漢濱

悲隨令節[illegible]慨悠名之不立悵歲月之如流

本屆大閱之期正在重陽之際影為部

署蘇聽宵輩轄疆均託敉平幸伍差

錫整飭[illegible]蹌[illegible]是慰

蓋懷專肅寸啟，祗請
崇安，統維
霽照不盡　如弟　頓首

再啟

敬再啟者，弟前在九江任內，曾於光緒
九年
奏請開缺回籍省親，並葬（十餘年未）先人之一摺，原案稿
件及　西撫咨行之文件，以屢經移徙，不知

收置何處，一時無從檢尋，並將尋書目

前也

台端代求

飭承辦將此案全卷檢出抄錄一冊，

交付來弁齎回，以備查照，曷勝感禱。再啟

佩廬山白术甚見功效，并求

代購大而佳實者數斤，統

交來弁順帶回，感荷。若目前未有佳品，隨後

笵睹

賜書亦可，至照至感，專以奉懇，再請

勛安。弟又頓

致荊州將軍宗祥　八月廿五日燈下

立齋仁兄將軍麾下：前月肅泐一緘，敬賀

任喜，并頌祝

節麾計荅

鑒閱，并際秀澤菊叢，恭維

叔祺駿戩
晉祉駢蕃引睇
喬輝莫名忻頌　弟守職漢南居諸迭
滯迹以大閱期屆整軍餘伍昕夕靡
遑刻已將為楹將弁介士詞集未竣
簡料串徒畢已完備昨問
壽帥定以月之廿六日展輪啓旆西上荊門
計下月初旬中弟与

執事把晤江干，未史書雙，正鷹五百里
德星之聚，側身南望，𢑱順奚如。偶仰荷
前趁宜昌，應有數日，展轉約計程日，何時
可抵襄陽，尚殊先期
賜示一函，以免懸盼。天雨深寒，專肅布凡
祗請
台安，伏惟
愛照不備
如弟　頓首

致荊州副都統瑞 八月廿五日發

實臣仁棣大人麾前：月布賀一緘，諒登

簽詧。計呈

英睐。茲啓桂輪香滿，菊蕊濃馥，敬維

勛猷駢臻，

鼎祺隆集，式翔

吉霭，莫罄歡忱。弟奉職漢南，一切如前，穩

如兄

頓

上耕部堂裕　八月廿五[illegible]

壽帥太公祖大人節下前奉

大瑢恭審

台旆定以月之廿四日啓行由上荊門

按閱邊圉

八騶導引萬姓歡騰

介甲飈馳

感積霜肅

揮雲鳥風蛇之陣
從鸛對魚服之倫律應金商
典隆蒐獮狩
帝庸經武
公備宣勞書諳軍民欲臚寅案願心式
仰引領維陵○○守職漢濱馳懷
鼎座近已調集各營將弁介士齋赴
襄陽城間校閱車徒悉已完備謹遣下

走趨甲齋奉慕面前叩

行旌轅蒞恭臨欣

訓示屆期。。當於峴山左側祗候

旌旗之至藉申繫矢之驅

樂鑊匪遙遙瞻倍切專隨寸啓恭請

鈞安敬述

老伯伏祈

垂鑒　治教弟　頓首謹肅

再啓

敬再肅者，前因襄陽東北鄉間有訛傳教匪約期滋事之說，居民聞風惶惑，遷徙者頗不乏人。當遣將弁帶馬隊數十名不動聲色潛往察查，昨已回城，據稱實因有何姓者近以田房之故，致起齟齬之事，無識之徒誤聽謠言，遂思移避。該將弁等已諭令各歸安業，故謠言亦漸息矣。

然遠地風傳

蓋懷垂念 敬以奉

聞再請

勛安 8 8 文肅

賀新綏江蘋常鎮通海道楊 儀

漢水寒蒙

鴻儀遠企峴（山）蔽（吹）帽雁（驛）信遥傳曉（鐘）聞

吉語之便餘頓起私衷之欣躍教維

子通仁兄大人榮膺
簡命觀察京江
領帶潤之名都
聲高華嶽
作江淮之巨鎮
氣肅金焦即今
頌滿南徐
巡風整俗計日

恩頌

北湖秉臬閩藩如翁首

營村建傾心葑悵弟應以奉賦馬嵩往增

碩蕉境之鋒斛甘建等龍瓜之室繫茲以時

菊九日恰開逢

春都三選聽風雨於雞鳴想仰

雲霄之鵬運式歌且舞愉快何勝專馳布

肅敬賀

大喜祺請
台安統惟
朗鑒不既　愚弟　頓首
覆吳庸門　緘
儀堂仁兄大人麾下昭奉
手書備承
眷注并蒙
瓊瑤厚貺

錫以酒醼名駒綴
孫子之上乘，療王濟之馬癖。臨風下拜，感
謝難名。敬審
歲晚秋高，
勛禔日懋，引瞻
藻鑒，以頌以忻。——弟株守應門，篤尊游狀
花以重陽節後正當大閱之期，適蒐乘簡
軍，不遑返安，剞劂之謁，集營伍，靜候

帥節前臨，想適日前先驅已在荊宜上下。
夏間遣弁赴塞北購馬，計冬初可到，彼時
南遊選駿，良擇尤以送
尊廐用者。
嘉貺萬選，駑駘下駟，不足言者。
勇目于化龍營爲補馬隊口糧之副，尊命并報。
俱樂之一顧耳。尊處陳備。
秋安，諸祈
亮察不備。
　　　丑弟　彬

程文炳手札釋文箋注

程文炳復上書房行走翰林院高勉之（高劍中）[二]函（三月初十日）

勉之尊大人閣下：

摺弁回奉到。還雲備乘拳注，意殷語摯，感溢私衷。敬審履繶延和，鼎祺笃祜，三天侍直，九陛褒榮，指晋宫坊，莫名額頌。

承詢丁丑年[三]辦賑一節，是時晋、豫饑民流徙皖北者絡繹載道，潁郡適當其衝。除官辦粥廠不計外，所設者共十二廠，相去皆三十里遠近，每當放粥之際，群集廠内，人給一勺，令其在廠啖食，不得携之出廠，以杜冒領重領之弊。食毕而散，以次轉送出境，願留者，听每日給領如常。故自春徂夏，數月之間，道殣絶少，由各廠相近，沿途得食故也。然此特賑流民之法耳。若此次水災，似當于災區重處設局設廠，宜分不宜合，宜多不宜寡。放粥不外前法，但不可拘集一處，務留養之虚名，日久釀

[二] 高劍中（一八四〇—一九〇一）：字勉之，河南項城人。同治六年（一八六一）舉人，光緒二年（一八七六）進士，賜庶吉士，散館授編修，旋充國史館協修，上書房行走，後任雲南提督學政。生平擅書畫，不事著述。深受慈禧太后賞識，光緒戊子年（一八八八），慈禧太后作《御筆朱荷圖》，高劍中敬題七言一首：『浮翠亭前萬柄荷，含風浥露出清波。何如綵筆工摹繪，映日紅翻別样多。』钤印：翰林供奉。

[三] 丁丑年：即光緒三年（一八七七）。這一年，秦、晋大饑，禍及豫、皖，流民如潮，延至次年。潁州、亳州、壽州、六安州、宿州及潁上、渦陽、蒙城等縣設廠放賑，收養臨省災民達五萬六千餘口。

成疫厲，此最深忌者也。

昨得二次探報并友人來函，談河工情形甚悉。據目前所就，似合龍之期尚難預定。經費既艱，物料翔貴，轉運土石，尤以道遠爲難。鄙意竊以爲當今急務，莫若開鐵路數十里，以火輪車運土運石，以每里二千五百兩計之，若辦四十里鐵路及輪車數十輛，所費不過二十餘萬，而轉運迅速，較之民夫，价直似貴而實省，早合龍一日即多省一日之經費，通盤合算，所益良多。惟興建輪路之議，曾屢經見阻于言路，今若援開平煤礦之例，奏請飭北洋遣員往辦，暫时建築，以濟大工。切为節省經費起見，亮〔一〕可仰邀俞允，恃愛妄陳，不審有當盛心否？

前接京師豫省賑局公函，當即肅復并兑銀壹百兩，想蒙鑒悉。薄宦情況，尚求轉達諸君子之前，原恕为幸耳。

專此肅布，祇請台安，統希心照不宣。世晚頓首。

〔一〕亮：通『諒』，誠信、忠誠之意。

程文炳致安陸府周筱田函[一]（四月初二日）

筱田仁兄親家大人閣下：

頃奉琅函，備叨綺注。猥以賤辰初度[二]，辱承遽使，將命遠來，分廉使之綠，頒江州之酒。聞緘发篋，慚感交縈。就審政祉，增嘉履礼，綏劭至以爲頌。

弟前以查看營伍，至均、穀等處往還半月，昨始旋襄，馬齒徒增，何敢言壽？履任五載，未尝開閣延宾，寅寮饋貽，悉從敬謝。至期亦惟選地避之，雖至交深誼，不敢自亂其例，荷蒙嘉貺，謹对使璧谢[三]，想親家大人俯鑒素心，或不責其矯激也。

專肅布作，復請台安，統惟心照不既。姻愚弟再拜！

[一] 安陆府：位於今湖北鍾祥市。周筱田亦名周小田，生卒年月及事迹不詳。安陆府知府，程文炳兒女親家。

[二] 賤辰初度：程文炳出生於清道光十四年（一八三四），至光緒十四年（一八八八），虚齡五十五歲，故自稱賤辰初度。

[三] 璧謝：敬辭，退還原物并表示感謝，多用於辭謝贈品。

程文炳致總理福建營務處統領立字等營江蘇即補道黃海樓[一]函（四月初六日）

總理福建營務處統領立字等營江蘇即補道黃海樓仁棣[二]大人麾下：

正初曾肅善啓，馳賀新禮，計應早達英覽。四月初三日奉到惠函，欣諗大旆奉調，西赴皋蘭。移八閩之軍，諮作九邊之上；佐虎头燕頷，萬里封侯逖聽。嘉聲曷名，欽祝承示，瀛眷偕行，自屬正辦。此間南北兩岸均可暫居，襄郡城内房屋稍狹，樊城则較爲寬廣，當覓潔净者各一取，俟尊眷到時，擇便居住。届時兄自當妥爲照料，諸乞放懷。

此时，帥節[三]應已北上，台從首塗，約在何日？良晤匪遠，歧望为勞。專函此復，祉請勳安，并賀大喜，統希愛照不既。如兄再拜！

[一] 黃海樓（一八三四—？）：書名黃朝清，字立鰲，湖南保靖縣水銀鄉哲湖村人。十餘歲離家出走，投靠淞江參將黃昌佑，因才智出衆，很快成爲其得力助手并得到曾國藩贊許，升授遊擊一職。同治三年（一八六四），黃昌佑在一次戰鬥中中彈身亡，黃海樓率部奮力抵禦，固守淞江縣城，擢淞江參將，被曾國藩稱爲『能員』。同治六年（一八六七），因受陝甘總督左宗棠賞識，奏調陝甘總督中軍官。光緒年間任職蘇、閩，光緒三十二年（一九〇六），曾於家鄉修建廟宇及七級佛塔一座。

[二] 仁棣：對年輕朋友的尊稱，常用於老師稱呼學生。

[三] 帥節：應指彭玉麟。光緒十四年（一八八八），彭玉麟扶病巡閱長江水師。

程文炳上彭宫保（彭玉麟）[一]函（四月初六日）

宫保夫子大人鈞座：

新正曾肅蕪禀，叩賀春禧，計應早呈尊覽。獻歲以來，伏想褆躬康豫，杖履優游，日臻清健，至爲欣慰。

近接塘報，恭審建節南來，東山再起。朝廷柱石之寄，蒼生霖雨之恩。中外臚歡，非僅私祝。從周營汛轄地，均託順平。刻以大閲將屆，竟不克分身前去漢皋迎候帥駕，中懷孺慕，靡日能忘。兹僅遣外委彭廷富趋叩，中途敬問左右。伏求將近日起居眠食賜示數行，藉諗安福勝常，稍慰寸心馳仰外，附呈蜜食二種，故鄉土物聊用，伴函尚乞哂納为幸。

專肅寸禀，恭敂鈞安，伏乞垂鑒。受業從周謹百拜狀上。

[一] 彭玉麟（一八一六—一八九〇）：字雪琴，號退省庵主人、吟香外史。祖籍衡陽，生於安慶。清朝著名政治家、軍事家、書畫家，人稱雪帥。与曾国藩、左宗棠、胡林翼并稱中興四大名臣，湘軍水師創建者、中國近代海軍奠基人。官至兩江總督兼南洋通商大臣，兵部尚書，封一等輕車都尉。死後賜太子太保，謚剛直，并建專祠。彭玉麟於軍事之暇繪畫作詩，以畫梅名世，有《彭剛直詩集》八卷傳世。見《清史稿》列傳一百九十七。

程文炳致督部堂裕壽帥（裕禄）〔一〕函（四月初九日）

壽帥大公祖〔二〕大人閣下：

敬肅者。前月專弁賫呈一械，請發給馬票，計邀鈞電，恭維福躬納祜，履纑綏猷，至爲頌慰。從周前赴均州，適逢陰雨，小住數日，繞道穀城，途次往還，倏經半月。该處民氣渾厚，治勝下遊。二麦中稔，地方静謐。均、光各汛，亦尚稱練飭，足慰藎懷。兹有請者鄖鎮中軍遊擊員缺，聞已扣歸外補。查去冬曾因襄陽城守一缺開列，詹、方二將，才具奉達左右，荷蒙俯允。查候補副將詹定邦，年富才明，辦事勤敏，署理襄城守遊擊前後五年，於捕務緝私均無一貽誤。候補遊擊方傑，才優識練，有守有爲，留鄂二十餘年，奉公恪謹，歷資尤深。倘徼明鑒，於該二將中擇一以補鄖鎮中軍遊擊，於整練營伍不無裨益。從周因公起見，亦以該二將在襄日久，知之較深，故

〔一〕裕禄（约一八四四—一九〇〇）：清末大臣。字壽山。湖北巡撫崇綸之子，滿洲正白旗人。歷任郎中、熱河兵備道、安徽布政使、安徽巡撫、湖廣總督。光緒十五年（一八八九）任盛京將軍，派兵与直隸將軍聯合鎮壓熱河金丹道教起義。光緒二十一年（一八九五）改任四川總督。光緒二十四年（一八九八）授軍機大臣、禮部尚書、總理各國事務衙門大臣，旋任直隸總督，鎮壓義和團，屢被打敗。次年八國聯軍陷大沽、犯天津，他對義和團改用『撫』策。七月八國聯軍占天津，他率敗兵退守北倉。八月初逃至楊村服毒自殺。見《清史稿》列傳二百五十二。

〔二〕公祖，舊時對知府以上地方官的尊稱。對地位較高者，亦稱老公祖、大公祖和公祖父母。流行於明清。

敢再三上達，恃愛瀆陳，或不斥其瑣之也。

專肅馳布，臨穎屏營，敬請勳安，伏祈垂鑒不宣。治教弟頓首。

程文炳致淮鹽總局〔一〕江蘇即補道台楊子通〔二〕函（四月初九日）

子通仁兄大人閣下：

久疏音敬，時切馳思，每憶芝標，倍殷葭溯。敬維勳祉增嘉，籌祺綏吉，勤勞在國，頌禱靡私。弟歷碌從公，緲無淑狀。兹有懇者前黑龍集緝私卡員孫家沆，爲燮臣〔三〕少司馬堂弟，自裁卡以來留滯弟署中，倏經半載。前得司馬手書，云曾有函致執事，請賜嘘拂。兹該員特赴夏口，趨敏台端，務求於分卡各差使一位，置之當能勤奮自厲，不至上負栽培。感荷隆情，正不獨弟一人已也。引領南雲，曷名盼禱。專肅布作，祉請台安，統祈煦鑒不宣。愚弟頓首。

〔一〕淮鹽總局：清代朝廷管理兩淮鹽務的機構，雍正九年（一七三一）由兩江總督兼行總理，主持鹽政。淮鹽自今有兩千多年歷史，自古就有『淮鹽出，天下鹹』『煮海之利重於東南，而兩淮爲最』之説，李白曾盛贊『吴鹽如花皎白雪』。清光緒三十四年（一九〇八）榮獲荷蘭萬國博覽會金獎。

〔二〕楊子通：生卒年月及事迹待考。

〔三〕燮臣：即孫家鼐，字燮臣。

程文炳賀新授福建臬台奎樂峰（奎俊）[一]函（四月十八日）

新歲元辰，魚箋曾迓，好春三月，鵲報遥傳。聞吉座之允升，聽喜音而載抃。歡騰子墨[二]，慶溢寅衷。敬維樂峰仁棣大人：

陳臬南疆，晉階北斗，繡衣直指八閩；文扇仁風，簡命重申，三錫榮叨湛露。卜祥刑之用措，倚畀彌隆；占方岳之崇膺，封圻進掌。鶯遷在望，雀躍傾心。兄從事漢陰，緲無淑狀。近以本年大閲[三]期届，自春徂夏，簡車料卒，昕夕靡遑。幸賤軀尚克耐勞，公私均稱順適，足紓廑係。台旆此時當已迎摺北上，海程迅捷，履任之期，計日匪遠。引盼何如專肅，敬賀大喜！祗請台安，

[一] 奎俊（一八四三—一九一六）：字樂峰，清末滿洲正白旗人，瓜爾佳氏京城四大財主之一榮禄的叔父，清朝大臣、書法家。光緒十四年（一八八八）任福建興泉永道台，旋升福建按察使。光緒十五年（一八八九）任山西布政使。光緒十七年（一八九一）任山西巡撫。光緒十八年（一八九二）任江蘇巡撫。光緒二十四年（一八九八）授四川總督。光緒二十六年（一九〇〇）署成都將軍。光緒二十九年（一九〇三）任刑部尚書。光緒三十一年（一九〇五）任吏部尚書。光緒三十二年（一九〇六）任内務府大臣。宣統三年（一九一一）責任内閣成立時，爲奕劻内閣弼德院顧問大臣。清帝退位後，解職歸里。工書法，近趙孟頫，得其神髓。

[二] 子墨：漢揚雄作品中虚構的人名，後借指文章、文辭。出自《文選·揚雄序》：『聊因筆墨之成文章，故藉翰林以爲主人，子墨爲客卿以風。』李周翰注：『子者，男子之通稱。借以爲主客而諷焉。』

[三] 大閲：指大規模檢閲軍隊。《左傳·桓公六年》：『秋，大閲，簡車馬也。』《清史稿·禮志九》：『天聰七年，太宗率貝勒等督厲衆軍，練習行陣，是爲大閲之始。順治十三年，定三歲一舉，著爲令。』

統惟藹照不既。如兄頓首。

程文炳賀新授浙江臬台王爵棠（王之春）〔一〕函（四月十八日）

雪綻嶺梅，魚書曾玒，風暄階芍，鵲報欣傳。聞吉座之允升，聽佳音而載抃。臨風翹首，向日傾心。敬維爵棠仁棣大人：榮何新恩，任崇廉察。德化被鄂江左右，方深微管之思；福星耀浙水東西，正切來蘇之望。休歇宸闕，喜動天顔，即晋爵封圻，曷名鼓舞。兄從事漢陰，緲無善狀。本年適逢大閲，自春徂夏，整軍練伍，靡間昕宵。媿〔二〕建樹之尟〔三〕能，撫勞薪而多感。所幸賤軀頑健，公事粒平，差堪告慰。專泐寸啓，祇请勳安，敬賀大喜，諸祈藹照不宣。如兄頓首。

〔一〕王之春（一八四二—一九〇六）：字爵棠，號椒生，清湖南泉縣人。弱冠從戎，先後作爲曾國藩、李鴻章和彭玉麟的部屬，參與鎮壓太平天國起義，歷任山西巡撫、安徽巡撫、廣西巡撫。曾出訪日、俄、德、法等國，多次向朝廷上書自强新政。晚年因鎮壓四川余棟臣起義，激起國内拒法運動而被解职，待罪京師，後寓居上海。光緒二十九年（一九〇三）十月，遭愛國志士萬福華谋刺未遂，萬被捕，黄興、章士钊牵連入獄，轟動一時。從此退出政治舞臺，回鄉静居。光緒三十二年（一九〇六）卒，誥授光禄大夫、建威將軍。

〔二〕媿：古同『愧』，指慚愧、羞辱、愧色等。

〔三〕尟：同『鮮』，少也。

程文炳復宜昌鎮羅笏臣（羅縉紳）[一]函（四月十八日）

笏臣仁兄大人麾下：

前月奉到惠函，敬聞壹是適有均州之行。未及肅復，又接手牋，三復回環，如親晤對，就諗勳祺日懋，升祉增嘉，恰符肊頌。

洋船停止入川之舉[二]，蜀境自可無虞。峽路民情，應早安帖。英人注意兩藏，而藏番一味閉關力

[一] 羅縉紳：生卒年月不詳，初名賀縉紳，後歸宗羅姓，字笏臣，湖南平江人。曾官宜昌鎮水師總兵。愛著述，主要作品有：《峽江救生船志》二卷、《峽江圖志》一卷，清光緒間新副中營刻本。《平江賀氏滙刻醫書五種》，清光緒四年（一八七八）刻本。

[二] 洋船停止入川之舉：英人立德樂（一八三八—一九〇八），英國皇家地理協會會員，一八五九年到中國淘金冒險，精通中文。一八七六年中英簽訂《煙臺條約》，允許英商進入川江。一八八三年二月，立德樂從上海出發，開始了他的川江航行。一八八五年辦理了重慶通航許可證，一八八七年組建川江航運公司，一八八八年完成了『固陵』號輪船的組裝。然而，清政府爲了防止洋船入川，將立德樂的『固陵』號和在宜昌修建的碼頭以十二萬兩白銀買下，并拒絶了其入川請求。直至十年以後，立德樂才得以進入重慶，開辦四川第一家洋行。

拒。聞前任文大臣〔二〕屢次奏報，議論剴切，深以顧全大局爲念。而朝廷重啓邊釁，慮有齟齬，懷柔招携，務在邇安遠肅。以長大臣〔三〕熟習藏事，乘駟往辦，計此時已可抵藏，正未審若何措置耳。前得省報，帥節巡閱黄州回轅後，尚須稍有布置，再上荆門，想貴處必已得確信也。專此布覆，祉請勳安，敬璧謙柬，統惟朖照不備。愚弟頓首。

〔二〕文大臣：即文碩，費莫氏，字淑南，滿洲正藍旗人。光緒十一年（一八八五）十一月以内閣學士、副都統銜，接色楞額爲駐藏辦事大臣。此時，正值英國虎視眈眈，陳兵西藏門户之際，可謂臨危受命。在英國發動的第一次侵藏戰争（一八八八）中，文碩力主守土抗英，對西藏人民的反侵略鬥争給予大力支持，并上書籌餉、籌兵、籌將，督促地方政府派官奔赴前綫，還亲自率兵領將，面授作戰機宜等。文碩堅決抵抗的行爲，因爲違背清廷的妥協政策而被革職。

〔三〕長大臣：即長庚（一八四三—一九一四），伊爾根覺羅氏，字繼仙，號少白，晚號丹堤子，滿洲正黄旗人。清朝大臣，歷任伊犁副都統、駐藏辦事大臣、成都將軍、兵部尚書、伊犁將軍等職，官至陝甘總督。謚『恭厚』。光緒十四年（一八八八），命充駐藏大臣，行次里塘，值瞻對番族叛。長庚暫駐碩般多，廉知釁由番官肆虐釀成，遴員授以機宜，調集漢、土官兵，聲罪致討，歼渠宥脅，釐懲藏官，事乃就緒。

程文炳致河南南陽府濮青士[一]函（四月十八日）

青士仁兄大人閣下：

頃奉惠函，敬聆雅教，就審覆禮納吉，晋祉延釐，至爲頌慰。瓊舟鎮軍奄忽早逝，薄宦情狀，聞之悼心。得執事爲之經營身後，諸物賴以周備。朝廷議恤有加，後位彌補虧欠，悉由鼎力上下維持，古義高情，今時罕覯。下風傾聽欽佩，奚如一俟！其靈櫬至樊，弟當妥爲照料，俾得早日換船前進，并遣弁沿途護送，稍盡故交之禮，以仰副閣下終始盛心，諸祈放懷，勿煩過慮。

專肅布復，祗請勳安，敬完谦柬，統維心照不既。愚弟頓首。

[一] 濮青士：濮文暹（一八三〇—一九〇九），字青士，号梅瘦子，江蘇溧水人。其父名瑗，字琅圃，道光丙戌進士，官四川涪州知州，卒於任。瑗生四子，文暹居長，次文昇，字蘧生；次文昶，字椿餘；次文曦，字杣笙。文暹原名守照，補縣學附生，因太平天國革命軍興，道梗，而改今名應順天鄉試，中咸豐己未（一八五九）恩科舉人，同治乙丑（一八六五）會貢士，殿試二甲進士。歷官刑部陝西司主事、員外郎，四川司郎中。京察一等簡放河南開封府遺缺知府，題補南陽府知府，中間數經調署開封、彰德，昇用道員，賞戴花翎，加二品銜，傳旨嘉奬。先後對提牢、斷讞、按撫、化凶、积穀、築堤等皆有『政績』。他又精研内典（佛學），通天算、地理、壬遁、刀槊諸术。好古琴，精詩文，曾第一個爲甲戌本《脂硯斋重評石頭記》作題記，被周汝昌譽爲早期紅學家。見周汝昌《紅樓梦新證·青士椿餘考》，清江寧舉人陳作霖有《濮公行狀》。

程文炳復南漳縣[二]胡介椿[三]函（四月十八日）

介椿尊兄大人閣下：

前奉華牋，敬聆壹是。就諗致祺迪吉，勳祉綏猷，至爲頌慰。黄河水災協賑，承執事多方勸誘，集有成數。此雖地方好善，不吝解囊，然非賢大尹視民如傷之隱，有以感之，未易臻此，欽佩實如一俟。各處收款彙齊，弟當會同觀察，分送河南、安徽被災之區，以資協濟，敬以附聞。專泐布復，祇請升安并完芳版，統祈朖照不宣。愚弟頓首。

[二] 南漳縣：隸屬湖北省襄陽市。
[三] 胡介椿：生卒年月及事迹待考。

程文炳覆新授武昌鹽法道葉升初[一]（葉蔭昉）函

都門聯襼，每深舊雨之思；漢上題襟，又結同舟之契。正擬蕪牋馳賀，乃蒙蘭札先頒。三復回環，五中欣抃。敬維升初仁兄大人：

允升吉座，丕煥新猷。筴政宣勤，繡豸與花驄并耀；藹英行部，藤鳩偕艾虎争輝。清風遍雲夢而遥，湛露渥絲綸之寵。柏臺指晋，藻頌心儀。

弟從事漢陰，緲無淑狀。本年正逢大閲，整軍飭伍，靡間昕宵。媿建樹之少能，撫勞薪而增感。際此良辰，蕭葛對午景之舒，長遥知清夜陳旬。正德星之聚會，專肅布復，祇請午安。敬賀任喜，并送大柬。統維愛照不宣，愚弟頓首。

[一] 葉升初（一八二〇—一八九〇）：名蔭昉，字升初，河南正陽縣人。咸豐二年（一八五二）中舉，四年考補咸安宫官學教習，八年引見以知縣用，遵例報捐主事簽分刑部，十年五月經河南團練大臣毛昶熙奏調隨營差委。同治元年（一八六二）河南團練告竣，保奏賞戴花翎并加五品銜，三年考取總理衙門章京引見記名，六年經外城團防大臣賈楨派帶五城練勇，七年戊辰科會試中進士，引見以主事即用，并换四品銜，十一年補總理衙門章京，十三年奏爲本部員外郎。光緒元年（一八七五）補安徽司員外郎，二年補郎中，四年賞加三品銜以在任道員補用，五年補浙江道監察御使，八年巡視東城，十年傳補禮科掌印給事中，十三年經禮部銓選湖北鹽法武昌道，十四年調署荆宜施兵備道，監督宜昌洋關、荆州十三鈔關，兼統水陸諸軍及通商事宜；光緒十五年（一八八九）正月，以慈禧歸政，光緒大婚慶典加二級，八月充恩科鄉試文闈提調官，復以籌解甘肅協餉議叙二品銜。十六年正月復調署任荆南，四月乞假修墓，七月卒，享年七十有一。見民國貴州貴築姚華撰《弗堂類稿》卷第十二《葉升初先生傳》。

敬再啓者：多年不晤，同官一省，歡慰非常。惟職守攸關，未能趨詣台端，快圖良覿，至爲歉之。勉之丈在京，常相過從否？近狀何如？甚以爲念。暇時尚乞賜示數行盼之，再請台安！從周又啓。

程文炳致毓慶宫行走兵部左堂孫燮臣（孫家鼐）〔一〕函

敬肅者：新正摺弁回襄，捧誦鈞函，如親棨範。垂荷齒芬之獎飾，彌增心曲之慚惶。兹值蒲泛霞觴，榴舒雲錦，恭維燮臣太姻〔二〕丈大人，長贏篤祜，重午凝禧。威戢五兵，晝戟興琱戈并偃；恩隆九命，香羅偕細葛同頒。奉講幄之諮詢，任深宫之啓沃。翘升臺衮，莫罄軒蘉。從周謬綰戎符，又逢令節。撫駒陰而倍惜，稟蝨負而對塵。所幸部曲協和，地方静謐，猶得暫安蕪陋，差堪上慰藎懷。尤冀雲濤遐敷，星輝炳耀，望龍門而匪遠；樾蔭常承，藉鯉牘之頻通。蓬衷可託，專肅寸啓，祗請福安，虔賀午禧，伏惟丙照不宣。姻再晚程從周頓首。

敬再肅者：去年淮鹽局以整飭鹺務，增設水陸五卡，協同緝私。晴川、得光、黑龍集委員薪水、

〔一〕孫家鼐（一八二七—一九〇九）：字燮臣，號蟄生、容卿、澹静老人，安徽壽州（今壽縣）人。清咸豐九年（一八五九）狀元，与翁同龢同爲光緒帝師。累遷内閣學士，歷任工部侍郎，署工部、禮部、户部、吏部、刑部尚書。一八九八年七月三日以吏部尚書、協辦大學士受命爲京師大學堂（今北京大學）首任管理學務大臣，一九〇〇年後任文淵閣大學士、學務大臣等。宣統元年病逝，謚增太傅，謚曰『文正』。有《太傅孫文正公手書遺稿》傳世。見《清史稿·孫家鼐傳》。

〔二〕太姻丈：對姻親長輩的尊稱。

局用頗堪自給。不意歲杪樊城分局以五卡無益，緝務徒多虛費，奏請裁撤。晴川交卸後留漱署四閱月，因無他事可圖，且鄉試伊邇，已於四月中旬買舟送其旋壽。

知關懃注，敬以附陳，再請鈞安，從周又肅。

程文炳致禮部左堂南書房行走徐頌閣（徐郙）[一]函

新正奉到魚緘，恍親塵教，辱懃拳之關注，彌感泐於私衷。際兹榴大舒丹，蒲觴傾碧。敬維頌閣

老夫子大人：

望崇日下，鼇集天中。槐省聯班，細葛拜宮衣之錫；蓬山侍直，南薰和虞陛之琹。遥知授簡簪毫，領金鑾之著作；即盼乘軺建節，秉玉尺以衡量。引企雲宵，曷名鼓舞。弟謬綰戎機，又逢令序，撫駒光而增惜，顧蚊負之多虞。所幸部曲綏和，地方安謐，用以甦藏蕪拙，聊堪告慰。樾蔭常承，睇龍門而匪遠；蓬衷可託，藉鯉牘以頻通。

[一] 徐郙（一八三八—一九〇七）：字壽衡，號頌閣，江蘇嘉定（今上海嘉定）人。同治元年（一八六二）狀元，先後授翰林院修撰、南書房行走、安徽學政、江西學政、左都御使兵部尚書、禮部尚書等职，拜協辦大學士，世稱徐相國。工詩，精於書法，擅畫山水，入詞館，被招直南書房。慈禧常諭徐郙字有福氣，晚年御筆作畫，悉命徐郙題誌。因兼具金石派學養，黄宾虹評价云『徐頌閣、張野樵一流，爲乾嘉畫家所不逮』。收藏金石搨片珍本与名畫甚多，据李壽民《還竹樓叢談》，庚辰本《脂硯斋重評石頭記》也曾爲徐郙舊藏。徐郙與康熙狀元王敬銘、乾隆狀元秦大成并稱『嘉定三狀元』。

專肅寸啓，敬請台安。祗賀午祺，統維丙照不備。通家教弟頓首。

敬再啓者：前誦賜書，藉聆近事，想見端居深念饑溺，關懷欽佩曷？巳刻聞敝鄉沙河一帶水勢驟長，此上游黄流漸增之先兆，正恐鄭工〔二〕合龍之期未能預定，劉卷之歎，杞人之憂，殆將不勉耳。小兒恩培〔三〕舉業尚淺，本年鄉試原擬令赴京兆觀光，得以親承訓誨，無如長途迢遞，送考乏人，年幼小生，自非有老成尊輩偕行，斷難任其獨往，是以仍應江南秋試。

重蒙垂注，敬以奉聞，再請大安！弟從周又啓。

〔二〕鄭工：鄭州河工簡稱。光緒十三年（一八八七）八月十四日，河南鄭州下汛十堡黄河决口，潰口三四十丈，過了三日，又擴寬達三四百丈，甚或七八百丈，河南境内就有十多個州縣被淹。黄流入淮，禍及安徽、江蘇。其中，安徽沿淮河、沙河的太和等十一州縣輪爲鉅浸，田廬、人口漂没無數，損失慘重。

〔三〕恩培：即程恩培（一八七〇—一九三六），字紹周，又字少周、筱周，清末阜陽人。程文炳次子，少遊京師，入同文館學習，後以『壬子』觀政農部，踏上仕途。因『鋭志研綜，益精理化之奥』，入總理海軍事務衙門當差。此後轉任户部，光緒二十年（一八九四）奉上諭以户部主事投效福建陸路提督其父程文炳軍營差遣委用。歷浙江觀兵官全省營務處候補道，以二品頂戴銜署浙江温處海防兵備道，兩任浙江地方海关監督。曾兩次前往日本考察學校、工廠、軍事等。与劉鄂、翁同龢等交好。主张實業救國，曾創辦河南豫豐公司、蕪湖明遠電燈股份有限公司，爲近代安徽電力工業奠基人。著有《日本變法次第類考》《東瀛觀兵紀事》。

程文炳致翰林院上書房行走高勉之（高劍中）函

勉之尊丈大人閣下：

三月初旬肅呈一械，計邀賜覽。兹值天中，節届重午，時和敬維晋祉，延庥升祺篤慶。木天日麗，榴開四照之花；玉署風清，蒲映五明之扇。北極拜宫衣之寵，南薰賡仙樂之章。引領輶軒，莫名鼓舞。

從周謬綰戎符，云云同孫稿至，專肅寸啓，祗請軺安，并賀午釐〔一〕，統惟煦照不宣。世晚頓首。

〔一〕釐：古同禧，吉祥。

程文炳致荆州將軍宗室祥立亭（祥亨）[二]函

前肅丹緘，亮呈青睞。近想海程波静，驛路風馳。紆赤紱以朝天，效黄人之捧日。兹者節逢重午，時届良辰，恭維立亭仁兄將軍：書錦延祺，介圭輯祜。龍光三接，雲煙沾御座之香；鳳詔五文，羅葛拜宫衣之賜。帝重長城之寄，人欽大樹之威。即贊綸扉，莫名蒙頌。弟阻迹漢南，馳懷冀北。酒斟蒲碧，方欣夏景之長；花對榴紅，頻入春明之夢。暫擷芬芳之蕭艾，彌深臭味於芝蘭。

專肅寸啓，恭請台安。虔賀午禧，伏祈丙照不備。如弟頓首。

[二] 祥亨（一八三二—一九〇四）：滿洲鑲白旗第二族人，咸豐元年（一八五一）婚娶。同治十年（一八七一）任正紅旗漢軍副都統，同治十三年（一八七四）佩戴印鑰。光緒元年（一八七五）任京城右翼税務監督，署理鑲紅旗護軍統領。次年，署理右翼前鋒統領、正白旗漢軍副都統、鑲藍旗護軍統領。光緒二年至五年（一八七六—一八七九）任山海關副都統。光緒五年至七年（一八七九—一八八一）任察哈爾都統。光緒七年至二十五年（一八八一—一八九九）任荆州將軍，參與朝鮮使臣在華活動。次年回京詔見，在弘德殿教習大阿哥。光緒三十年（一九〇四）遞遺摺，病故，無嗣，爵除。

程文炳致户部主政涂元甫[一]函（四月三十日）

元甫尊兄世大人閣下：

新春奉到，還雲備承廑注。顧齒芬之多譽，益顔汗以溢慚。復蒙惠錫東参，不遺在遠，拜登嘉貺，感謝難名。兹際令節天中，敬維履祺懋集，晋祉綏猷。紅榴分御苑之香，細葛荷宫衣之賜。鶯遷在望，雀躍傾心。

弟猥領戎旃，又更芳序。徒勞薪之多感，媿建樹之無聞。所幸珂鄉風雨時和，軍民交謐，藉藏鳩拙，冀免鵜濡。去年遣馬弁出塞買馬，在京諸承關照，心或無已。兹又專原弁赴部領文，添購馬匹，并令其趍敏[二]台端，一切仍求照料，無俾留滯，尤所盼禱，叨承摯愛，當不以瑣瀆爲煩也。鄭工合龍未有定期，伏汛將臨，深切憂慮。小兒今年仍應江南省試，知念家聞，專肅布愬，祗請升安并賀午禧。統祈朖照不既。世愚弟頓首。

[一] 涂元甫：生卒年月及事迹待考。

[二] 趍敏：古同『趨叩』。

程文炳致兵部左堂孫（孫家鼐）翰林院高（高劍中）函

加再啓，敬再肅啓者：

正修函間，適接敝鄉來信，知沙河〔一〕水勢甚巨，較去年漫决時略小二寸有餘，寬者八九里、十餘里不等。兩岸田疇，二麦盡没，居民逃徙，多去其鄉。此自上游黄流盛漲之故，竊慮鄭工未蒇，伏汛將臨，豈惟合龍無期，正恐劉子之歎，杞人之憂，一時并集，如何何之？

特此奉報，再請大安。從周又肅啓。

〔一〕沙河：清末潁州阜陽人對潁河中下游的舊稱。沙河因其是潁河上游的主要支流，所以在河南境内又稱沙潁河。沙潁河發源於河南省伏牛山區魯山縣，流經業縣、郾城、商水、淮陽、項城、沈丘入安徽省，在界首市常勝沟入境。流經太和、阜陽、潁上等縣，於沫河口注入淮河，全長五五七公里。

程文炳致周小穀[一]函（六月十八日）

小穀仁兄親家大人閣下：

久疏尺鯉，屢易圓蟾。每憶芝標，倍深莓溯。辰維長贏納祜，潭府延禧。承歡愛於堂前，叙天倫之樂事。下風傾聽，忭頌奚如。

弟從事漢南，尠無善狀。本年正逢大閱，整軍飭伍，靡聞昕宵。既建樹之無聞，益勞薪之莫釋，以視老兄優游里第，静養天和，境隔仙凡，曷勝歆羡。令壻[二]孫君之事，前接手札後，當即函致朗西，囑其重加青目。聞其時又有天門之遊，不審近日曾往沙市否？朗西至交，必能妥爲位置，斷不至作馮煖彈鋏歸來也。

知注敬聞，專肅布達，衹請暑安。統祈愛照不既。如弟頓首。

姻伯、姻伯母大人萬福金安，賢郎近祉。

[一] 周小穀：生卒年月及事迹待考。

[二] 壻：古同婿。

程文炳致安陆府正堂周小田函

小田仁兄親家大人閣下：

前月肅復一緘，亮呈籤掌。盛暑伏想，禔躬納祜，政祉增綏，曷名頌祝。廿八日爲尊府館甥周堂嘉禮，雀屏中隽，鳳管和鳴。想見福喜上堂，慶賀盈户。弟羈身職守，不克敂〔一〕崇，階躬瞻盛典，謹遣小兒恩培偕令嫒前詣。大暑并備，菲禮稍助，香奩墜露，添流殊慚微末，尚祈哂納，勿却爲幸。小兒壎期已近，并有補考録科諸事，請飭其早日東下，勿至勾留，尤爲盼禱。專肅布賀大喜，祇請台安。統希愛照不既。姻愚弟頓首。

〔一〕敂：古同『叩』，敲的意思。

程文炳復揚州保甲總局[一]候補道趙小谿[二]函

小谿仁弟大人閣下：

他蓮送香庭竹蔭，暑遥千里正切懷。人忽逢雲翰之飛揚，彌荷霞情之綿渺。敬諗履其篤祜，晉祉延釐。於二分明月之間，樹百仞金城之望，真除指顧，預頌心傾。

兄謬官戎符，毫無淑狀。所幸地方安謐，部曲綏和。冀見鵷濡，藉藏鳩拙。承示知世兄援例，將以縣令入都謁選通融一節，義無容辭。惟自去秋黄河决口以來，所有薄田數頃盡在沙河兩岸，洪波泛濫，顆粒無歸。故鄉辦賑築堤一切捐輸事宜，仍須首倡，以爲州黨表率。用是虧累，負債孔多。一官情恃養廉，平時廛廛敷用。兹值災荒之際，更覺枝柱維艱，再四圖謀，竟以絀於一時，未能報命，有負雅素，深用歉然，尚祈俯諒。微忱不以鄙怯見責，是所企禱。

專此馳復，祗請勳安。統惟心照不既。如兄頓首。

[一] 保甲總局：清末地方實行保甲制度，二十至三十人設立一保，十保爲一大保，十大保爲一都保，十都保設一保甲局，屬保甲總局管轄。負責防禦流寇、維護治安、安置流民、保護百姓、徵集物資等事宜。

[二] 趙小谿：生卒年月及事迹待考。

程文炳復督部堂裕壽帥（裕禄）函

壽帥大公祖大人閣下：

頃奉賜書，諸承垂注，回環莊誦，感蒙滋深。兹際玉露迎涼，金飆送暑。恭維褆躬納祜，燕寢香凝。挹西山之朝奕，龍光寵渥；迓北闕之新思，翘企鈴轅。曷名軒鼓。

襄樊一帶，自五月以後，亢陽日甚。農田坼兆，望澤孔殷。雖前月十九日澍雨通宵，而久旱之餘，未能深透。幸本月朔之四日大雨連降，溝澮皆盈，禾苗沛然，一朝盡起。想省垣左右，以必疊獲甘霖，皆由誠意感孚。自然嘉休翕集，三農〔一〕蒙福，四境臚歡。凡屬寅僚，靡不同聲頌祝也。

專肅馳布，虔請勳安，伏祈垂鑒不宣。治教弟頓首。

再啓，敬再肅者：昨厲君來見，已獲面譚。儒素篤誠，詢如尊論。既承鈞命，自當妥爲位置，以仰副大君子垂念故舊之盛心。巢林一枝，勿勞廑繫。敝部馬隊前營管帶官李修己秉性朴拙，本非領隊

〔一〕三農：三農一詞，常見於中國古代典籍和學者、詩人的著述中，但并非指現代意義上的農業、農村和農民。《周禮·天官·大宰》：「一曰三農，生九穀。」其「三農」按漢代鄭衆的注解是指居住在平地、山區、水澤三类地區的農民。唐朝詩人錢起《觀村人牧山田》中「六府且未盈，三農争務作」的「三農」也是這個意思。漢朝張衡《東京賦》中「三農之隙，曜威中原」，「三農」是指春、夏、秋三個農時。宋代詩人王炎《南柯子》中「人間辛苦是三農」的「三農」是對春耕、夏管和秋收三個農時農民辛苦的感歎。清代張宗法所著《三農記》中的「三農」是指大田耕作、園圃栽種、家畜飼養等多種經營的農業生產。

之才，因其在營多年，平時操防尚無貽誤，因循仍舊，未遽更張。乃日久玩生，竟至縱任勇丁出營滋事，斷難再事姑容，現已撤差，札委都司任效文接帶前營馬隊。所遺營務處事務，查有記名提督楊大江，昔在皖營隨從周管帶馬隊，剿捻於山東、河北，頗著戰績。前年隨張凱臣軍門駐守福建長門，以孤軍力禦法人三晝夜之久，雷轟電掣，營壘屹然。經穆軍帥奏奬，特膺懋賞，兹委以接辦，於馬營操練可期得力。

除另備公牘咨呈察核外，所有更調緣由，覼縷敬聞，再請台安。統希霽照，從周謹再肅。

再，前接大咨敬悉。鄖鎮中營遊擊一缺，已經部覆指歸升調兩途。竊查調署㪍標右營遊擊鄖陽城守營遊擊岳秀，心地明白，操守端謹。在鄖城輯睦軍民，聲名甚好。自更調來襄三年之久，察其勤慎從公，始終如一。倘蒙鑒拔，以之調補鄖鎮中營遊擊，實屬人地相宜，將來遺缺尚可聲叙扣留外補。從周因公起見，是否有當，伏乞鈞裁，示復爲幸！再請大安，從周又肅。

程文炳上彭公保（彭玉麟）函

敬再稟者：

昨閱邸抄，恭諗日前奏請開缺已邀俞允。暫綴九伐之權，去爲六月之息。仍資威望，坐鎮長江，而以與吾軍門代行巡閱。所願養閒之暇，加意調攝，爲國惜身。躋潞國之耆年，嗣汾陽之勳德。凡在門牆之下，同深頌祝之忱。從周違侍經年，馳懷倍切。本應躬趍漢滸，東迓行旌。昨聞壽帥將以中秋節後出轅至荆襄閲伍，恐星言夙駕，恰在斯時。届期惟有仍遣彭建富恭候道左，代敂鈞顔。藉伸弩矢之私，聊慰瞻依之戀。

謹肅寸箋，恭請金安，伏惟垂鑒。受業從周百拜再上。

程文炳致江南提台譚（譚青崖）[一]函[二]

江漢遥通，魚書頻貺，旌旗遠望，鶴警爲勞。兹值玉宇迎凉，金飆滌暑，敬維青崖軍門[三]仁兄大人：豹韔奏績，虎帳宣猷。領蒼海之雄軍，風清組練；拜彤弓之新命，露湛絲綸。引睇芝輝，傾心藻頌。弟即戎襄沔，屢易星霜，自顧非才，時虞履薄。所幸地方靖謐，部曲綏和，冀免翼濡，足紓拳注。專肅馳布，祗請勳安并賀節禧。統其朗照不宣。愚弟頓首。

敬再啓者：宿州營遊擊米將（『米將』疑爲『將軍』之誤）占鰲，年力正强，曉暢戎事。在上江

[一] 譚青崖：生卒年月及事迹不詳。清末將領，曾任江南提督。光緒十三年（一八八七），兩江總督曾國荃曾致函譚青崖，論及江防重鎮裕溪口等處匪徒盜竊火藥，江輪中亦有私帶洋槍附搭上岸之説，囑其『銷患未萌』。見《曾國荃全集·書札電稿》。

[二] 該函原檔把它附在上一通程文炳上彭公保（彭玉麟）函下，文意不順，明顯錯置。故製作標題單獨列出，以正視聽。

[三] 軍門：清代對提督或加提督銜總兵的尊稱。

諸軍中號爲明練。近蒙公保奬拔，以堪勝提鎮奏保。該將感荷知遇，定能努力勉効馳驅，尚求執事於燕見大府前時加噓拂，俾得稍展驥足，則仰沐鴻施，正不獨身受者纂戴知重也。

再請台安，曷名盼禱。弟又啓。

程文炳復新疆統領馬景山（馬玉崑）[一]函

昨奉華箋，備叨錦注，回環雒誦，感企交深。兹際玉宇秋高，敬維景山仁兄大人：

豹韜令肅，虎落塵清。荷心簡於九重，播聲威於萬里。引詹吉靄，式愜頌忱。弟歷六從公，緲無淑狀。前以都中於裘家街置買潁郡會館，一切製辦器具及歲脩經費尚多不敷，屬爲轉達。今承鼎力鳩

[一] 馬玉崑（？—一九〇八）：字荊山，亦作景山，清末安徽省蒙城縣馬集人。初以武童從毅軍宋慶部參加對捻作戰，積功至都司，後擢總兵。同治十三年（一八七四）與左宗棠部共同抗擊阿古柏和沙俄侵略。光緒二十年（一八九四）補授山西太原鎮總兵，協助宋慶防衛旅順口。七月朝鮮事急，奉命率軍至平壤。在平壤保衛戰中，他指揮所部奮勇抗擊，重創日軍第九旅團。但因主帥葉志超貪生怕死，指揮失當，終於敗回國內。光緒二十一年（一八九五）在遼河下游金州、海城、田莊臺等地與日軍作戰中，馬玉崑雖然英勇作戰，但由於清軍各部不協，仍以清軍失敗而結束。光緒二十五年（一八九九）擢浙江提督，次年調還直隸提督。光緒二十六年（一九〇〇）庚子之變時，馬玉崑率武衛左軍抗擊八國聯軍，初戰天津，繼戰北倉，相持月餘，最後以無援而敗退。及那拉氏挾光緒出走西安，命馬玉崑隨扈。第二年還京，賞紫禁城内騎馬，加太子少保。光緒三十四年（一九〇八）病逝，追贈太子太保，賞加二等輕車都尉世職，謚忠武。

集三百餘金，實深欣慰。昨又接京信，知本年秋試，吾郡赴北闈者已紛紛雲集，授餐適館，賓至如歸。惟館中屋舍無多，將來人才勃興，正恐未能足用。闻館側尚有閒屋一所，可以增購。倘執事能廣爲勸助，集腋成裘，徐圖擴光，以歸遠大，則不朽盛業，舍足下其誰與歸？翹歧旌麾，曷名盼禱。專肅復頌秋禧，統惟朖照不既。愚弟頓首。

程文炳復新任荆宜施道方勉甫[一]函（八月初五日）

久殷慕藺，未遂詹韓。欣驛使之傳來，辱魚書之寵賁。浣薇三復，篆竹五中。敬維勉甫仁兄大人：

欽承巽命，榮莅陞階。王會成圖，草尺書以招贊普；外臺持憲，秉畫篘而鎮荆門。此時攬轡巡方，豸華風肅。計日開藩作翰，鳳綍恩湛，引睇旌麾，傾心菜藻。弟領軍襄沔，屢易星霜。顧整暇之未能，懍冰淵而倍惕。所幸封疆近接廣西，笑而非遥；更欣音訊頻通冀南，鍼之時錫。

[一] 方勉甫：生卒年月及事迹不詳，晚清官吏。從零星資料得知，方勉甫交遊甚廣，與洋務派代表人物盛宣懷、外交家吕海寰、總理衙門章京楊宜治、兩江總督馬新貽等人交好。馬新貽曾作《方勉甫屬題邵經西先生手書詩册》云：『景慕芳徽已歷年，下車正擬訪高賢。遽聞亮節全千古，特疏忠貞達九天。每向同儕搜剩墨，喜逢佳事讀遺篇。詞因人重彌珍惜，冰地風裁錦秀篇。』光緒十四年（一八八八）三月，授湖北荆宜施觀察。光緒二十年（一八九四），任天津道台。其餘事迹待考。

專函奉覆，祇請台安，兼賀任喜。敬完大柬，統惟朖詧[一]不既。愚弟頓首。

程文炳復謝安陸府周小田函（八月十七日）

小田仁兄親家大人閣下：

前月由來差肅復一椷，計應早達簽掌。際此清商入律，敬維政祺日楙，勳望秋高。揚召杜之仁風，奏龔黄之治績。鶯遷在望，雀躍傾心。弟從事鹿門，頻更蟾序，光陰虚擲，建樹毫無。賤内賤辰，何敢言壽？乃垂勞遣使，遠賜臨存。既吉語之多譽，復隆儀之疊賁。頓增慚汗，益用兢惶。謹對紀綱，拜領仙晃，八翼夙知。郇厨品物遠勝他邦，肥雋登盤，已堪飽德。即以留客，并可無事蒸壺。其余佳珍，敬爲璧謝。想知心有素，必不以矯飾見責也。

令嫒娱侍膝下，足慰盛懷。江南塲畢，小兒計日定旋，本月杪可至，大暑或令其同歸，或隨後遣舟來接，悉聽尊意。

世事匆匆，專肅鳴謝，祇請台安并賀節禧。統祈愛詧不備。姻愚弟頓首。

加謝帖：謹領僊禽餘珍，璧謝。

[一] 詧：同「察」，異體字。

程文炳復前任河南淅川廳方又僑[一]函（八月二十四日）

又僑仁兄大人閣下：

昨奉賜書，如親謦笑。竊言不寐，且感且忻。敬諗覆纑延釐，潭祈綏劭，載符肊頌。弟鹿門株守，乏喜可陳。又逢校閱之期，空抱騰騫之志。所委説項一節，適積之大令於廿日接印，晤叙之頃，示以尊函。據云此次量移，所延友朋，已有人浮於事之患。執事爲先世舊交，辱尊下賁禮，應歡然接納，適館授餐。

顧楚省局面遠遜大梁，兩地相形，兹爲寒儉。如不嫌鄙陋，即請光臨。其脩金若干，須俟駕到時再爲定議。弟觀其篤念故舊，意甚殷懃。想鼓瑟吹笙，深盼嘉賓之戾止[二]也。朗晤非遥，曷名欣幸。專此奉復，祗請秋安，統惟朗照不既。鄉愚弟頓首。

[一] 方又僑：生卒年月及事迹待考。
[二] 戾止：即來臨、來到。

程文炳復郭善臣[一]（郭寶昌）鎮軍函（八月廿九日）

善臣仁弟大人麾下：

兩奉手書，備紉存注。就審覆祈日楙，勳祉秋高，引企鄉輝，莫名欣頌。劉文弼一案，經大旆西指，即日蕩平，逆首就擒，脅從罔治，風馳雨霈，威惠兼施。逖聽凱音，爲之神旺。想見捷書夜奏，喜動天顔，可勝忻賀。潁典近無事事當路，前議得吾弟預爲解説，應作罷論，信一紙書賢於十部從事也。

寧江兩君到金陵，亮常晤面，所願指揮夙定，俾典中有所遵循，尤爲深盼。小兒謁見，荷蒙教誨，心感無已。惟江北荒旱，穀價騰踊，洪波未平，又遭凶歲，民人無食，將成奇災，如何何之？竊爲憂慮耳！

專此馳復，祇請勳安，諸祈愛照不備。如兄頓首。

[一] 郭善臣（一八三八—一九〇〇）：名宝昌，字善臣，安徽鳳陽郭府集（今屬五河縣）人。咸豐十年（一八六〇）由武童隸欽差大臣袁甲三軍，旋改隸陳國瑞楚勝軍，同治二年（一八六三），積功擢副將。移軍剿苗霈霖，霈霖走死，賞加提督銜。三年，調援湖北，於陳國瑞分軍，名曰卓勝營，始獨當一面。六年，授安徽壽春鎮總兵。七年，以提督簡放，并賞給騎都尉世職。十年，赴壽春鎮任。十一年，平霍丘土匪李六倡亂，加頭品頂戴。鎮壽春先後三十年，淮北恃爲保障。俄羅斯、法蘭西、日本三次開兵釁，調防南北，事定仍回本任。光緒二十六年（一九〇〇）卒於官，賜卹。《清史列傳》《清史稿》有傳。

程文炳致翰林院庶吉士楊蓮府〔一〕函（八月二十九日）

蓮府仁棣太史：

文席鷺堠，遥睽魚書。罕玨每懷芝采，時切葭思；近維旅祉亨嘉，文禮綏鬯。騰芳吴下，延譽江東。遠道飲風，載忻載頌。兄株守鹿門，緲無淑狀。近以本届大閲，整軍飭伍，靡聞昕宵，蔗味希逢，薪勞滋甚。所幸賤軀尚稱頑健，公務均託順平，差堪告慰紓懷耳。

前於乙酉〔二〕科榜後，曾託漢口電報局李仲平兄代寄洋蚨〔三〕三十元，去冬書至，未曾言及。本年二月，又由仲平處寄去樊平銀壹佰兩，送至蘇撫署轉交，乞今未接復函，不審執事曾否收到？尚祈便中見示，以免懸係。如有舛誤，庶可及早查詢也。

〔一〕楊蓮府（一八六〇—一九〇九）：字萍石，名士驤，安徽泗州（今江蘇盱眙）人。光緒十二年（一八八六）中進士，歷任翰林院庶吉士、翰林院編修。八國聯軍入侵中國，隨李鴻章進京議和，深受賞識，被保舉爲直隸通永道。李鴻章去世後，投入袁世凱麾下，极爲袁倚重。先後被提爲直隸安察使、江西布政使。光緒三十年（一九〇四），擢山東巡撫，三年任上，督辦新學、交涉洋務、興修水利，政績斐然。光緒三十三年（一九〇七），署理直隸總督兼北洋大臣，其间修治海河，上書減免賦税，一心爲民，頗有作爲。宣統元年（一九〇九），殁於任上，贈太子少保銜，賜謚文敬，歸葬淮安府建淮鄉（今淮安區建淮鄉）。見《清末北洋重臣楊士驤》淮安地情網。

〔二〕乙酉：即光緒十一年（一八八五）。

〔三〕洋蚨：即洋錢。古代稱錢爲『青蚨』。

專頌館祺，諸惟愛照不既。愚兄頓首。

程文炳上督部堂裕壽帥（裕禄）函（八月二十九日）

壽帥大公祖大人節下：

昨肅蕪函，遣弁賫叩。行轅奉迎大旆，亮蒙電察。頃閲邸抄，欣諗介弟疊奉恩命，以主試視學山東，行見鄒魯儒生，盡屬公門桃李，鹿鳴宴上，玉尺雙持，引領德門，曷名頌祝。惟聞武漢一帶，以本年盛暑，疫癘繁興，文郎與女公子時證，偶嬰遽從怛化[一]。側聽之際，驚愕難名。想顧復恩深，自必逾恒悼惜。惟是修短之數，萬有不齊賦命，自天非關人事。擬或善才龍女，小謫人寰，偶現曇華，復歸正覺。今來古往，逝者如斯。尚祈隨遇寬懷，勿傷襟抱。夙知達人善遣，必不以莊生齊物爲寓言也。

專肅奉慰，恭請鈞安。伏惟霽照不戬。治教弟頓首。

[一] 怛化：别離而去。怛，憂傷、驚恐之意。

程文炳復黄海樓觀察函

海樓仁棣大人閣下：

昨奉手牋，備聆種種。就審元旋叶吉，想旌麾西指，早已安抵珂鄉〔一〕。萊綵承歡，一堂融泄，式翹吉靄，忭頌奚如。

前奉尊囑，於襄城定公館一所。兹接函示，當即退去。所有房金，兄已代付。區區微末，毋庸介懷。石帥行旌，約期十月將來，道出襄樊，捨舟登陸，自應迎候照料，稍攄東道之忱，以副雅命。承示官軍一節，既爲吾弟至交，理應代謀位置。惟李傳相前向無薦牘，壽帥幕府亦患人浮，勉爲説辭，亦恐無濟外，此則鷦鷯之託，難爲達士之棲。再四躊躕，似仍以從君而西爲得地。至於行李有缺，兄自當時爲接濟，以静候騶從之來，諸乞放懷，毋煩過慮。

專肅布復，祇請台安，統惟愛照不既。如兄頓首。

老伯、伯母大人曼福〔二〕金安。弟夫人以次均吉。

〔一〕珂鄉：又稱珂里。《新唐書·張嘉祐傳》記載：唐代張嘉祐兄弟上朝時，車馬衆多，行走珂佩交響，當時人稱他家住的巷爲鳴珂里。後來用『珂里』尊稱别人鄉里。

〔二〕曼福：綿綿福祉，大福。

程文炳復江寧豐將軍漢文（豐紳）[一]函（九月二十七日）

漢文仁兄將軍節下：

賜書備承，廑注浣薇。三覆感篆，五中敬諗。勳祉秋高，威聲霜肅。萬姓仰如生佛，九重倚若長城。指晉兼圻，望隆八座。下風逖聽，上顧傾心。弟從事鹿門[二]，緲無淑狀。兹以季秋下澣，正逢大閲之期，簡料車徒，旰宵靡閒。所幸賤軀頑健，一切尚克耐勞，乞紓遠繫。

小兒荷蒙慈愛，寵賚有加。既隆推解之仁，復拜提撕之訓。過情之譽，非所能堪。惟有策其努力用功，以冀無負期望於萬一。異時倘獲寸進，坐出長者成全。引企龍門，曷名欣幸。專肅鳴謝，敬請台安。伏祈愛照不戩。如弟頓首。小兒侍叩。

[一] 豐紳（？—一八九八）：吴扎拉氏，字漢文，滿洲正白旗人。晚清將領，吉林駐防，都興阿督江北軍，檄守揚州，以戰功累遷至協領。克寶豐、取寧夏，數獲勝。穆圖善遣往靈州招撫，馬化龍招撫。穆圖善上其功，晉副都統，尋護寧夏將軍。時伏莽未靖，自寧城至靈州，隘口數十，爲商旅往來孔道，豐紳詰奸禁暴，行旅便之。先後平陝匪西河、横城堡，補官錦州，擢黑龍江將軍。坐事褫職。光緒年間，起故官，歷綏遠城、江寧將軍。中日事起，駐防通州，事寧回任。光緒二十四年（一八九八），卒。詔優叙，予建祠。御史彭述劾其侵冒，奪卹典。

[二] 鹿門：鹿門山之簡稱，在湖北省襄陽市。相傳，後漢龐德公携妻子登鹿門山，采藥不返。後因用指隱士所居之地，此借指軍營。

程文炳復學台張少玉[一]函（九月二十七日）

少玉仁棣大人閣下：

昨奉華牋，備紉藻飾。臨風三復，感泐五中。敬審覆祉，亨嘉晋禮，篤祜至爲順慰。兄從事鹿門，蹬蹬如蕉。兹值秋高氣爽，正逢大閲之期。壽帥節鉞已臨，簡校約需五日。所幸賤軀犆健，一切尚克耐勞，足紓拳注。小兒前在鄂，諸獲叩台端，既蒙錫賚之加，復拜提撕之訓。過情之譽，誠非所堪。惟有策其努力用功，以冀仰副期望於萬一。倘異時稍有寸進，莫非此日長者所成全，瞻望龍門，曷名欣幸。

專馳鳴謝，祇請台安。統祈心照不既。如兄頓首。

[一] 張少玉（？—一九〇八）：名仁黼，又字劭予，河南固始人。光緒二年（一八七六）進士，選庶吉士，授編修，入直上書房。光緒十一年（一八八五），出督湖北學政，以朱子《小學》《近思録》訓士。累遷洗馬，充日講起居注官，補侍講。二十年（一八九四）日本衅起，請起用恭親王奕訢，稱旨。遷鴻臚寺卿，典試四川。除奉天府丞，父憂，未之官。二十六年（一九〇〇）義和團興，奉命在籍治團練。服闋，赴行在。時財匱，議加丁口税，事遂寢。還京，擢順天府府尹。再遷兵部侍郎，典試江西，歷學部、法部。三十三年（一九〇七）補大理寺正卿，主張『治法治人，相因爲用』。俄授吏部侍郎，充經筵講官。三十四年（一九〇八）丁母憂。未幾，卒。見《清史稿》卷四百四十一，列傳二百二十八。

程文炳復瑞都統寶臣（瑞興）[一]函（九月二十七日）

寶臣仁弟大人麾下：

展誦惠函，如親塵教。就諗勳祈，日梾晋祉。秋新遠睇卿輝，曷名欣頌。兄從公歷碌，尟[二]善乏陳。壽帥騶從，以二十五日抵襄閱視諸營，約需四日方克竣事。幸賤軀粗健，一切尚堪耐勞。計帥節赴鄖應在下月之朔，旋舟東邁，正當明蟾三五而盈矣。

知在藎懷，敬聞左右。專肅馳復，祇請台安。統祈朗照不宣。如兄頓首。

再啓者：承示丁將一節，敬聆種切。丁將勇敢勤練，誠爲任事之才。兄所心許其提標中軍缺，即兄爲之陞補者，前赴閩省，亦授以指臂之任。惟該將性情稍卞[三]，在襄與同官鮮克和衷，有乖協恭之誼。如能平衿釋躁，改弦更張，兄當商之制軍，徐圖報命，不負昌黎薦士雅意也。

[一] 瑞興：生卒年月不詳，滿洲正黄旗人，世襲公爵，娶妻宗室之女。同治七年至光緒十年（一八六八—一八八四），爲散秩大臣。光緒十年至光緒十四年（一八八四—一八八八），任荆州左翼副都統。光緒十四年至光緒三十年（一八八八—一九〇四），多次護理或署理荆州將軍。光緒三十年至宣統二年（一九〇四—一九一〇），任杭州將軍。光緒三十一年（一九〇五）兼署浙江巡撫、兼管兩浙鹽政、兼署乍浦副都統。任内實行教育改良，奏請將湖廣總督張之洞所撰學堂歌審定後頒爲各省小學堂唱歌科課本。後因嗜煙被奏查。

[二] 尟：鮮，少。

[三] 卞：卞急。在此引申爲急躁之意。

再請勳安。兄又拜。

程文炳復郭鎮軍善臣（郭寶昌）函

善臣老弟大人麾下：

前布一緘，計登青盼。昨又奉手翰，就審興居納祜，潭祉凝庥，至爲慰頌。兄從公漢沔，匙淑足陳。茲當大閲之期，壽帥旌麾刻已莅止。周旋應接，昕夕靡遑。所幸賤軀尚克耐勞，足紓遠注。小兒金陵應試，荷蒙垂愛，飲食教誨有逾尋常。心感無已，承借之款即當寬便寄還，以歸趙璧。斷不至久僁〔二〕期會也。

專泐希復，祗請台安，統祈心照不備。如兄頓首。

〔二〕僁：同『愆』。超過、錯過。僁期，愆期之意。

程文炳復邵友濂[一]函

友濂仁兄大人閣下：

昨奉賜書，備承獎飾。開緘雒誦，感媿滋深。敬維履繶延庥，潭禮納祜，至爲頌慰。令兄大人前

[一]邵友濂（一八四一—一九〇一）：字筱春，初名維埏，浙江餘姚人。清代政治家、外交家，曾任臺灣巡撫。早年因父功由監生賞補員外郎，任职工部。一八六五年（同治四年）舉人，一八七四年以御使記名，補總理各國事務衙門章京。一八七八年以道員充頭等參贊，隨崇厚赴俄國，參與中俄伊犁交涉，并襄辦通商事務，次年任駐俄欽差大臣。一八八二年授蘇松太道道台，一八八四年去臺灣襄辦防務，後協助曾國荃與法國談判和約。一八八六年任河南按察使，一八八七年（光緒十三年）四月，晉臺灣首任布政使。一八八九年（光緒十五年）因感受湿熱，請假内渡就醫。六月，遷湖南巡撫。一八九一年（光緒十七年）調任臺灣巡撫。一八九四年中日甲午戰争爆發後，布置臺灣防務，同年復調爲湖南巡撫。次年受命爲全權大臣，協户部侍郎張蔭桓赴日談判，遭拒而還，不久因病免職。一八九三年應聘編撰《光緒餘姚縣志》，一八九九年成書。一九〇一年（光緒二十七年）卒於家。從邵友濂簡歷看程文炳復邵友濂函，有几處疑問：一、收信者是邵友濂还是任友濂？筆者請几位國家書協會員，反復辨認程文炳手札函件，釋讀結論一致認爲是『任』不是『邵』。程文炳手札通篇行草，規範大氣，疏密得當。『任』字偏旁部首，左右結構，十分明瞭，并無右耷耳墨迹，原檔目録標題將其釋讀爲『邵』，令人匪疑所思。二、年齡和稱呼相互矛盾。程文炳生於道光十四年（一八三四）年，長邵友濂七歲。但在這通函中，程文炳却稱邵友濂爲『仁兄』。這既不符合長幼禮節，也違背當時習慣稱呼。通觀這批程文炳手札，除軍節高者外，凡年齡長者程文炳均稱『仁兄』『尊兄』，反之則稱『仁弟』『老弟』。以此判斷，邵友濂并非程文炳復函所稱的『仁兄』大人。三、這位『仁兄』或就是任友濂。任友濂，晚清江蘇吴江人，生卒年月不詳，與謝家福書信往來，過從甚密。謝家福，晚清蘇州人，慈善家，有大量文字資料存世。其中，《謝家福書信集》《謝家福日記》《謝家福友朋書札》《李金鏞行狀稿本》等均涉及任友濂事迹。詳情存疑，待有識者正之。

在皖北造福民生，遺愛在人，謳吟弗替。弟夙承摯愛，辱在心處。此次辦賑潁陽，桑梓尤蒙福庇。朝露溘至，握手無從。一束生芻，方深慚怍。重勞齒及，益用兢惶。前閲邸抄，知六舟中丞已臚陳政迹（績），飛章入告。聖朝優卹，典禮有加。敝鄉士民，無不額手稱頌，同聲感愜也。

專肅布復，祗請台安。諸惟朖照不宣。愚弟頓首。

程文炳上督部堂裕壽帥（裕禄）函（十月初二日）

壽帥大公祖大人節下：

日昨大旆西行，未能追隨遠送，寸衷展轉，慄歉難名。辰維餐衛，增釐起居，納祜福星。所次風静波澄，翘企行轅，傾心頌祝。

從周以馬蹶失墜，頭目稍覺暈眩。登舟旋署後徐爲檢察，始知肘膝略有墊傷。當即延醫診視，服藥二帖，外加敷治，約三五日即可平復如常。知在藎懷，敬以告慰。

專肅馳布，恭請鈞安。伏祈垂鑒不戳。治教弟頓首謹肅。

程文炳賀督部堂裕壽帥（裕禄）函

敬肅者：

前奉一椷，計達鈞覽。昨閱邸報，欣諗介弟榮膺異命，晋秩卿班。綰鳳閣之樞機，贊龍墀之批答，喜音遜聽，歡抃奚如。

恭維壽帥大公祖大人：荆樹齊芳，棣華競爽。西京楊氏一門，位列公侯；東晋庾宗[一]羣季，任兼内外。帝隆心膂，人仰星雲。引企祥輝，莫名欽羨。從周奉職巖疆，忻聞吉語，雖凫趨迹阻，未伸樞謁之忱；而燕賀情殷，敢進萊臺之頌。

專肅馳布，敬請勳安。虔賀大喜，伏惟垂鑒不戩。治教弟頓首。

敬再肅者：

昨得舍下家書，知近日沙河一帶水勢驟漲，附近田疇已被淹没，此上游黄流增長之證。未審鄭州

[一] 東晋庾宗：語出《晋書·庾亮傳》。庾亮（二八九—三四〇），晋明帝明穆庾皇后之兄，當朝名士。父琛永嘉初爲建威將軍，過江爲會稽太守，徵爲丞相軍諮祭酒，卒官，追贈左將軍，事在外戚傳。亮官至中書令，庾太后臨朝，有詔命之權。平蘇峻之亂後，代陶侃爲征西將軍，兼領江、荆、豫三州刺史，都督七州諸軍事。後因北伐遇挫，憂悶成疾，於咸康六年（三四〇）去世，獲贈太尉，謚文康。庾亮一叔三子四弟均在朝爲官（均有傳記），形成强大的外戚宗族勢力集團。庾亮本傳史臣曰：『外戚之家，連輝椒掖，舅氏之族，同氣蘭闈，靡不憑藉寵私，階緣險謁。……是庾宗之大福，非晋政之不綱明亦。』

工次情狀若何？竊深顧慮。畹香觀督[一]此次辦理賑務，竭盡心力，地方感戴，萬口一詞。忽於本月十九日因病奄[二]逝，身後諸事，均未預置。倉卒之頃，聞弟家中存有花板一具，經郡縣借往應用，并議酬價五百金。弟思與畹香多年至交，豈能受其價值。刻已飛函往辭。如萬不獲已，擬即以原金作爲奠儀，以稍盡故交之誼。

如此辦理，不識有當尊意否？尚祈裁示爲幸！再請鈞安，從周又啓。

程文炳致潁州府曹、游府翁、阜陽縣劉[三]函（五月朔日繕）

覆坪公祖、鎮西仁兄、石齊父台大人閣下：

鷺堠迢遥，音書匙玨。鴻儀瞻望，企想維殷。今者節屆天中，敬維晋祺納祜，勳祉綏猷。撫淑景

[一] 督：同「察」。「觀督」即觀察。

[二] 奄：忽然、奄忽之意。

[三] 潁州府：抱括今安徽阜陽、亳州兩市，治所在阜陽縣。古稱胡子國、汝陰，北魏孝昌四年（五二八）置潁州。唐初置信州，旋改潁州。宋徽宗政和六年（一一一六），升潁州爲順昌府。金、元、明、清爲潁州，清雍正十三年（一七三五）升爲府。民國初元（一九一二），废府留縣，潁州府轄區改屬安徽淮泗道。潁州知府曹煒，字覆坪，江西甘泉翰林，光緒六年（一八八〇）七月初六日到任，光緒十四年（一八八八）十二月初十日因辦賑積勞病故，請旨從優恤事。後補知府彭禄接署。潁州府遊擊翁開甲，字鎮西；阜陽縣知縣劉承祖，字石齊；任職時間與志書記載稍歧，待考。見民國《阜陽縣志續編》卷八《秩官志》。

於芳辰，乘陽和以敷惠。梓桑蒙福，萊藻彌虔。弟久綰戎機，媿無建樹。昨得舍下來信，知本月初黃流復漲，沙、全[一]二河兩岸，田禾悉遭淹没。農民失望，不勉離居。長官撫字勞來，勤劬[二]可想。側身東望，寤寐永歎。

晥香觀察辦理撫恤，積勞仙逝。昨來噩耗，悼愕難名。聞身後一切均未預置，倉卒之際，以弟家中化板應用，并知公議酬價五百金等情。伏思弟於晥翁多年至契，此番在潁加惠於地方者尤深。驟然溘化，方切寢門之痛，豈以一器之微，受授價值。况弟昔年製辦時，所費尚不及此數。務祈執事力爲婉辭，如任世兄不允所請，弟當以此項作爲奠敬，稍盡舊交之誼。不忘疇昔之盟，於公議私情庶幾兩便。如此辦理，不審有當否？尚乞卓裁示復爲幸！

專肅馳布，敬請午安。統惟丙照不既。治愚弟頓首。

[一] 全：疑爲『泉』字。沙、全兩河，應爲沙河、泉河。

[二] 劬：勤勞、勞苦、勞累之意。

程文炳復候選員外郎袁敏孫[一]函（五月初八日）

敏孫仁兄世大人閣下：

前專差回，賚到手書，備承拳注。臨風雒頌，無任神馳。就諗待福安，緐潭祺納祜。軒車電邁，計日抵都。遠睇臺雲，曷名欣頌。

鄭州工次，聞有端節合龍之信[二]，甚慰之。惟敝鄉沙河一帶，四月中旬水勢驟漲，田禾已多淹没。不審黄流近日形勢何如？倘係客水旋漲旋消，則於大工尚可無礙。

文誠公宅兆安葬有年，壹是平安，即爲無尚福地。河水既不至相侵，則築堤似非所急。况以文誠公功德在人，閣下孝思感格，自獲福祐，豈有他虞。輿論僉同，非弟一人之私見也。

四世叔養痾津門，日臻清健，聞不日即可銷假視事，歡慰無已。所祝痊愈後，仍以常服調理之劑，

[一] 袁敏孫：生卒年月及事迹待考。

[二] 鄭州下汛十堡黄河决口後，清廷嚴重關切，命户部預籌款，以接濟鄭州河工及賑災費用。當年冬十月十五日，侍郎孫詒經奏報鄭工堵築工程方案，命山東巡撫張曜咨商李鴻章妥籌辦理。十二月初五日，因鄭工緊要，特派禮部尚書李鴻藻督辦工程，會同李鶴年迅速籌劃堵合，務期早日竣事。光緒十四年五月二十一日，鄭州河工因急流淘深，陡然蟄陷失事。朝廷電諭李鴻藻：鄭工小有失挫，勿稍涉退葸惶惑，致誤大局。仍著在工員弁，趁此汛期未到，水勢尚平，齊心協力，加緊赶辦，以期早日蕆工。同年十二月十九日，經過一年四個月零五天的艱苦施工，鄭州河工終於合龍。

以期早日復元，尤爲盼祈。

從周五兄前有書至，云將援例分發，屬爲集腋之舉。弟僅寄百金，深爲歉仄。薄宦情狀，未識能邀原鑒否？

專此布肊，祇請鈐安。竝賀午禧，統惟丙照不戩。世愚弟頓首。

師母大人，前請於竹報中叱名請安，兼叩鳴鳌，敬再啓者：

昔年文誠公在關中所收古銅鐘鼎諸器，久爲士林所羨仰。兹有友人屬弟執事乞取搨本一份。想我師舊日搨本必有存留，餘賸之件，請暇時檢賜一全分，每器一紙，注明器之名目，交此次捐差携回，至爲感禱。緣此友人纂録彝器〔一〕款識，海内藏家如陳壽卿太史、潘伯寅司空，諸器皆已得有墨本，獨以未得吾師所藏爲憾。故弟特爲介紹，以饜其嗜古之心。如舊日墨本未易檢尋，可否覓搨手就各器遍搨一過，早爲賜寄，尤所切盼。

恃愛奉瀆，再請台安。鵠候德音，不勝跂望之至。弟又啓。

〔一〕彝器：古代宗廟常用的青銅祭器的總稱。如鐘、鼎、尊、罍、俎、豆之屬。《左傳·襄公十九年》：『且夫大伐小，取其所得以作彝器。』杜預注：『彝，常也。謂鐘鼎爲宗廟之常器。』

程文炳復前貴州巡撫部院賈金門[一]（賈洪詔）函（五月二十四日）

金門中丞[二]仁兄大人閣下：

月前獲接光儀，沃聆大教，清言藹藹，歡慰平生。昨奉華箋，備承藻飾。結遥思於天末，彌感泐於私衷。敬諗泰祉延釐，潭祺迪吉，林泉閒適，杖履優游，引企卿輝，曷名頌祝。弟拜辭後繞道穀城[三]，小事巡閱，返擢襄陽。俗務紛乘，兼旬始畢。重以炎暑將至，雨澤愆期，隴畝晚禾，尚多未插。農人望歲，如渴如饑。幸日來甘澍傾盆，四野霑足，珂鄉福德，正未有涯。羨慰奚似，高秋氣爽，倘能命駕來襄，同登峴首，當續平原之飲，遠希河朔之遊。尤所欣幸，令坦（指女婿）變甫太守；華望清寸，久爲上游器重。如有機遇，自當盡力揄揚，勿勞廑繫。

[一] 賈金門（一八〇六—一八九八）：名洪詔，號子丹，祖籍湖北安陸府潛江縣青山湖（今天門市），遷居鈞州。道光二十年（一八四〇）庚子科進士。歷任雲南定遠、他郎、河西、南安、元江、昆明等州縣，後擢昇景東同知、順寧知府、貴州按察使、雲南布政使、雲南巡撫、貴州巡撫。他忠於職守，勤政愛民，幹練有爲，政績顯著。他清白自守，廉潔奉公，堪稱一代廉吏。該函原標題括號内將其稱爲『賈洪韶』，應爲賈洪詔之誤。

[二] 中丞：明清巡撫的别稱，因巡撫多帶副都御史銜，與御史中丞地位相當，故有此稱。

[三] 穀城：縣名，屬湖北省襄陽市。古屬豫州，清屬湖北布政使司襄陽府，光緒十二年（一八八六），屬安襄鄖荆道襄陽府。光緒十四年（一八八八）十一月，有人奏請將湖北提督仍駐穀城并抽撥省城防軍分紮楚豫交界一摺。湖廣總督裕禄、湖北巡撫奎斌會商湖北提督程文炳，合詞奏請湖北提督仍駐襄陽。硃批：知道了。見《光緒朝硃批奏摺·軍務·防務》。

專肅布覆，祇請台安。統祈愛察不備。愚弟頓首。

程文炳復安陸府周小田函（五月二十四日）

小田仁兄親家大人閣下：

頃奉賜書，備承記注。敬審禔躬納祜，政祉增綏，適符肊頌。詹子安明府之案，當及詢之菊坻大令（即縣令，尊稱），據云：王姓在四川兑銀之後，即至汴梁詹斯美號取銀，而該號已倒賬閉歇，隨同中人董姓到樊號。則此次四川所辦之油煙，皆已在樊王姓素帳。該樊號始則允還，繼則延宕。後乃以油煙四百石抵銀若干，餘項許以今春清結。及王姓春間來樊，子安竟以經手之詹雨農避往利川不認前賬，以至成訟。經菊坻審訊數次，并呈出詹雨農在四川收銀及買貨各信。又去年已先將油煙四百石作抵，而樊城實爲總號，其各分店統由子安主持，證據確鑿，故有押追之舉。今子安逃至安陸，其所言於友濱軍門，前者大都一面之詞，而賬未清結，訟案難銷。以弟愚見，子安汴號雖閉歇而樊號生意尚好，斷不能因此事拖欵，久匿不出，自壞局面。執事閒暇，可將此意告之友濱軍門，勸詹君早歸，浼〔一〕中人居間還賬息事，似爲長策，不宜久事推遷也。

〔一〕浼，古同浼，懇託之意。

郢中盼雨，經賢太守爲民請命，立霈甘霖，想見白叟黄童，歡聲載道。此间亦望澤孔殷，晚禾未插而早苗將槁。前日設壇祈禱，昨今兩日甘澍傾盆，四野沾足，豐年可望，差堪告慰藎懷也。專肅馳復，祗請台安。統惟心照不既。姻愚弟頓首。陸信附繳。

程文炳致督院裕壽帥（裕禄）函（六月初七日）

壽帥大公祖大人閣下：

前奉環章敬悉，陳請事件已蒙鈞察。盛暑伏惟禔躬安勝，珍衛咸龢，福并日增。勳偕夏大，至爲欽祝。

兹有請者均光營守備田占鰲，循分供職，尚稱勤練。惟體察情形，博采輿論，似於該營人地不堪相宜。現擬與提標右營守備秦承恩對調。署理又（右）提標前營守備李國炳，辦事諸形竭蹶，惟該弁在官未有劣迹，又家計極寒，未便遽與撤任，亦擬暫行調轅差委。所遺前營守備缺，擬以千總聞國瑞署理，庶於該二處營務均有裨益。倘邀俯允，即請加札委署，以重職守。從周為整飭營伍起見，是否有當，伏乞敫[一]示尊行，曷名盼禱。

[一] 敫：《唐韵》胡荻切，音檄。《爾雅·釋草》即蓮實。此處應爲「檄」字之誤，「敫示」即檄示，檄書、傳檄之意。

襄郡入夏以來，望雨甚殷。前經郡縣設壇祈求，大雨徹夜，禾苗沛然，若日内能疊獲甘霖，則農田更爲霑足，秋成可預卜矣。

知在藎懷，敬聞左右。專肅馳布，恭請鈞安。統惟霽照不宣。下治教弟頓首。

程文炳致河南撫部院倪豹岑（倪文蔚）[一]函

近接棠疆，時切斗山之仰；每懷芝宇，彌殷迴溯之思。顧蕪啓之多疏，益蓬心之滋媿。敬維豹岑

仁兄中丞大人：

金符肅望，赤棒宣猷。移兩粤之福星，霈中州之甘雨。河渠運策，九重之倚畀方隆；砥柱銘勳，萬里之澈清可卜。戈翅棨戟，莫罄軒轖。弟猥領戎旃，屢更歲鑰。年華虚擲，時虞鶺翼之濡；建樹無聞，空切驍騰之志。所幸地方静謐，部曲綏和，庶免見誚於樗材，長獲分光於樾蔭。龍門匪遠，鶴跂惟勞。

專肅寸啓，祗請台安。統希霽照不戩。鄉愚弟頓首。

[一] 倪文蔚（一八二三—一八九〇）：字茂甫，號豹岑，安徽望江人。清咸豐二十年（一八五二）進士第十名，欽点翰林院庶吉士，歷任廣西、廣東巡撫。光緒十三至十六年（一八八七—一八九〇）任河南巡撫，當時正值黄河决堤，他積極組織百姓搶修河堤，堵築潰口，并帶頭募捐賑災，深得百姓稱贊。後兼任河道總督，曾在抗法援越和黄河抗洪救災、水利興修中屢建功勳。倪文蔚學識淵博，多才多藝，著有《禹貢説》《荆州萬城堤志》《兩疆勉詩文集》等。

敬再啓者：

客秋聞鄭州堤潰，河溜南趍，豫皖之交，災情綦重，當與安襄鄖荆道陳東屏觀察公同酌議，仿江浙近年協賑之舉，合啓倡捐。觀察就所屬郡縣分投勸募，弟則令所轄各營汛持啓，一體相助。敦勸自官紳、商賈、軍民人等，不論多寡，悉聽其人之樂輸，迄今半年之久，共鳩貲五千兩，以初議分協豫皖兩省賑務。今特備文，專弁解送庫平銀[一]二千五百兩，前赴豫省賑捐局投繳，伏祈飭局照收。

惟事等集腋，所有銀兩皆由畸零小數合湊而成，銀色未能一律，并乞亮詧（察）爲幸。再請勳安。

弟又啓。

[一] 庫平銀：庫平兩本身是清朝金衡單位。庫平銀是清朝國庫收支使用的標準貨币單位，起源於康熙年間。《馬關條約》規定：一庫平兩相當於575.82英釐，或37.26542108克的十足紋銀（成色93.5374%）。一九〇八年清朝農工商部和度支部擬訂了統一的度量衡制度，規定庫平一兩爲37.301克。

程文炳致安徽撫院陳六舟（陳彝）[一]函

六舟大公祖大人閣下：

兩易蟾圓，未通鯉牘。盛暑伏惟勳祺，夏大福祉日增。恩惠撫民，忠勤體國。下風翘首，上頌傾心。

兹啓者：客秋聞鄭州河决，黄溜南趍（趨），逆計豫皖之交，災情綦重。從周當與安襄鄖荆道陳東屏觀察籌議，擬仿江浙近年協賑之法，合啓倡捐。適奉賜函，以皖省南北被水情形見示，曾以此議敬復左右。嗣東屏觀察就所屬郡縣（云云同前稿至），專弁解送庫平銀兩千五百兩，赴皖省賑捐局投繳（云云同前稿至），并乞亮詧（察）爲幸。

專肅寸啓，祗請台安。統惟霽照不宣。治教弟頓首。

[一] 陳彝（一八二七—一八九六）：字六舟，號聽軒，晚號蜕翁，江蘇省儀徵縣人。咸豐二年中舉，同治元年（一八六二）壬戌科傳臚，改庶吉士，授翰林院修撰。歷任甘肅按察使、湖南布政使，光緒十二至十五年，任安徽巡撫、順天府尹，光緒二十一年（一八九五），任内閣學士，後兼禮部侍郎。次年病卒，謚文恪。據況周頤《續眉盧叢話》記載：『揚州陳六舟京兆巡撫安徽，條陳便民若干條，有令民稱貸公家，春借秋還一條。得旨中飭，謂直是宋臣王安石青苗法矣。以是改任浙江學政。』他關心民間疾苦，敢作敢爲，稱得上是一位爲民請命的『青天大人』。見《清季職官表・人物録》、故宫博物院圖書文獻處清史館《傳稿》《清代職官年表》。

程文炳致河南賑捐局[一]司道函

諸位仁兄大人閣下敬啓者：

鷺堠遥通，未遂瞻韓之願；龍門遠睇，時深禦李之懷。積愫寅衷，難宣子墨。辰維勳偕夏大，望茲秋高，奠千里之安瀾；惠周蒼赤，拜九重之錫命。寵渥絲綸，引領芝零，傾心藻頌。弟謬綰戎符，屢更歲序，駒光虚擲，鳩拙滋慚。去秋聞鄭州决河，黄流南注，逆計陳潁以下，適當其衝，豫皖之交，災情必重。當於同城陳東屏觀察公議，仿江浙近年協賑之法，合啓倡捐。觀察就安襄鄖荆四屬郡縣分投勸募，弟則令所轄各營汛持啓一體相助，敦勸自官紳、商賈、軍民人等，不計多寡，一聽其人之樂輸，迄今半年之久，共集貲五千兩，以初議分協豫皖兩省賑務，應以一半解豫。今特專弁分送庫平銀弍千五百兩，前赴貴局投繳，伏祈驗收。惟事同集腋，所有銀兩皆係畸零小數合凑而成，銀色未能一律，并乞亮鑒爲幸。

[一] 河南賑捐局：設立於光緒三年至光緒四年（一八七七—一八七八）的丁戊奇荒。這次因大旱造成的饑荒時間長達四年，受災地區河南、山東、陝西、直隸、山西五省，并波及蘇北、皖北、隴東和川北等地，餓死饑民一千餘萬，另有二千餘萬災民逃荒。爲了賑災，有關各省紛紛成立賑捐局，官賑、民賑、義賑并舉，有些傳教士也參與其中。河南賑捐僅靠本地不敷需要，轉移到外省開辦，先是在貴州賑捐分局加收半年，以應急需，又在安徽設立賑捐分局，并在江蘇、浙江、江西、廣東這樣的富饒之地，也派人携帶各項收捐執照前往勸辦，頗見成效。大災過後，賑捐局遇災即設，無災即撤。及至鄭州河决，災及豫、皖，兩省賑捐（撫）機構復又成立。

除另備公牘批解外。專肅寸啓，祇請台安。統惟朖照不備。愚弟頓首。

程文炳致安徽賑撫局[一]候補道張（張敬堂）[三]函

遠睽椩輝，蟀更屢易。每懷芝宇，鶴鶩維勞。既積愫於寅衷，信難宣乎子墨。敬想敬堂仁兄大人：

勳偕夏大，望益秋高。拯中澤之鴻嗷，惠周蒼赤；拜新恩於螭陛，寵渥絲綸。引睇昇華，傾心豫頌。弟領戎襄漢，歷碌如恒。去秋聞鄭州河決，當以陳潁兩郡適當要衝，豫皖之交災情綦重。曾於同城陳東屏觀察籌議，仿江浙近年協賑之法，合啓倡捐。適奉到六舟中丞來函，以皖省南北水災情形見示，隨及將此舉函覆中丞。兹東屏觀察就安襄鄖荆四屬郡縣（云云同前稿至），應以一半解皖。今特專弁分送庫平銀式千五百兩，前赴貴局投繳（云云同前稿至）。

[二] 安徽賑撫局：光緒十三年（一八八七），河南鄭州河決，黄溜南趨，漫入沙、淝、茨、渦等河，鳳、潁、泗三屬被災。阜陽、潁上、太和、鳳臺四縣災民大小三十四萬二千二百五十五口，被災最重，懷遠、壽州、灵璧次之，鳳陽、五河、盱眙、渦陽又次之。欽奉恩旨，發内帑銀十萬兩，又兩次截留漕糧，以賑三省災民。皖省攤派三成，銀十九萬九千七百九十九兩七錢四分。復蒙飭撥司庫漕折及蕪關常税各五萬兩助賑。即經巡撫陳彝札飭前鳳潁道任蘭生，帶同差遣各員，設賑撫局於潁州，候補知府彭禄佐之，并設支發局於鳳陽，設轉運局於壽州，以期便捷。見馮煦主修《皖政輯要·民政科·拯救》。

[三] 張敬堂：生卒年月及事迹待考。

祇請台安，伏惟愛照不宣。如弟頓首。

程文炳復甘肅蘭州道台饒（饒子維）[一]函（七月初五日）

子維仁兄大人閣下：

前奉琅緘，備承錦注。臨風三復，感篆五中。茲際玉露迎凉，金飆送暑。敬想鼎褫駿遹，晋祉駢臻。樹偉望於西州，迓新恩於北闕。柏薇指顧，茱藻心傾。

弟謬綰戎符，屢更歲錀，駒光虛擲，鳩拙滋慙。所幸部曲綏和，轄疆静謐。冀免隕越，呈慰綺存。令弟氣質沉静，刻署敝標後營都司，受事以來，諸稱妥愜。遠承雅屬，自當中心藏之，遇有機緣，定爲位置，勿勞廑係。家叔蒙委清水收釐，心感何已。惟近年身累綦重，全家數十口嗷嗷待哺，恃此一官，更兼故鄉黄水爲災，桑梓之憂，靡時能釋。重以清水釐務收數日減，一經比較，不無譴責之虞。用是抱慙彌深兢懼，倘邀福庇，得以調劑優差，則感荷鴻施，正不獨身受者，鰲戴三山，深知其重也。

[一] 饒子維（？—一九〇二）：名應祺，湖北恩施人。舉人出身，在左宗棠幕下做參軍達十年之久。光緒十四至十五年（一八八八—一八八九）任甘肅蘭州道台，光緒十九年（一八九三）任新疆布政使，光緒二十二年（一八九六）授新疆巡撫，光緒二十八年（一九〇二）調安徽巡撫，行到哈密病逝。清朝遺老，具有『門下門生九翰林』之譽的左楨挽饒子維『帝命在推賢，使節方迎金斗驛；天心何太忍，忠魂忽斷玉門關』。

遥企德音，莫名頂祝。專肅布肊，祇請勳安并頌秋釐。統祈藹照不既。愚弟頓首。

程文炳復四川達字前營統帶郝（郝華亭）〔一〕函（七月十六日）

華亭仁兄大人麾下：

月前接三本瑶函，備叨綺注，盥微三復，篆竹五中。兹值玉露迎凉，金飆送暑。敬維鴻勳楙裕，駿祜番膺。勇邁花卿，虎旅壯銅梁之色；恩隆楓陛，竇書拜錫命之休。行擁節旄，無任棻藻。

承示馬邊〔二〕夷匪滋事，官軍進勦情形。仰見贊畫周詳，智珠在握，兵貴拙速，最忌巧遲，往哲名言，誠不可易。况執事統帥勁旅，身在行間，前後所陳，悉皆洞中窾要。乃誦言如醉視等，常談坐失事機，聞之慨歎。昨閲邸抄，見制軍奏募十餘營，已邀俞允。想新軍既集，用以四面兜勦，必當掃穴擒渠，麾下勞苦功高，幕府論勳指膺，懋賞可勝預賀。

弟領戎如舊，淑狀毫無。幸部曲綏和，地方静謐。藉兹藏拙，用慰藎懷。專馳布復，祇頌捷釐。

〔一〕郝華亭：生卒年月及事迹待考。

〔二〕馬邊：地處四川省樂山市、宜宾市、凉山州結合部，現爲馬邊彝族自治縣。清雍正五年（一七二七）屬叙州府屏山縣。乾隆二十九年（一七六四），外地漢族移民日增，墾殖事業發展。四川總督阿爾泰奏請朝廷從屏山分設馬邊廳，直屬叙州府。嘉庆十三年（一八〇八），改派同知主政。全廳設九鄉十七場，以漢族官員主政。在彝族聚居區設九個土百户，由四川省提督衙門發給號纸（委任狀），由彝族頭人擔任土目，皆世袭。

順請勳安，敬完謕版，統惟英照不備。愚弟頓首。已繕。

程文炳賀湖南巡撫王夔石（王文韶）[一]函到任并中秋節（七月二十五日）

違侍鴻儀，時殷鶴跂。聽嘉音之遠報，正吉座之允升。慶洽寅衷，歡騰子墨。兹值獸迎西虎，魚美東鱸，恭維夔石中丞仁兄大人：瑞輯圭璋，祥凝棨戟。謝太傅山中養静，心繫蒼生；郭司空河内重來，恩同赤子。人瞻黼衮，士命增新。帝貺彤弓，兼圻即晋。軍民鐫頌，寮寀欽風。弟猥領戎符，迭經令節。撫年華之虚度，媿建樹之毫無。所幸轄疆均託敉平，部曲尚稱綏静。冰淵時惕，耀蚊負之難勝；桀篗常承，喜龍門之非遠。專肅馳賀，虔請台安。祇頌秋釐，伏惟垂鑒不宣。教弟頓首。

[一] 王文韶（一八三〇—一九〇八）：字夔石，號耕娱、庚虞，又號退圃，祖籍浙江上虞梁湖，浙江仁和（今杭州）人。咸豐二年（一八五二）進士，權户部主事，同治間任湖南巡撫，光緒間權兵部侍郎，入直軍機。後任雲貴總督，擢直隸總督兼北洋大臣。奏設北洋大學堂、山海關北洋鐵路官學堂（即唐山交通大學、現西南交通大學）等，旋以户部尚書協辦大學士。官至政務大臣、武英殿大學士。光緒三十四年（一九〇八）病逝，謚文勤，贈太子太保銜。居杭州清吟巷，建有清吟閣，收藏各種圖書萬餘册，樓址至今仍存。有《王文韶日記》《宣南奏議》《湘撫奏議》等。見《清史稿》卷四百三十七，列傳二百二十四。

程文炳賀浙閩總督卞頌臣（卞寶第）〔一〕函（七月二十五日）

違侍光儀，屢更裘葛。一昨鶯遷南服，迭聞鵲報西來。慶溢寅衷，歡騰子墨。兹者金風扇暑，玉宇澄秋，恭維頌臣制府仁兄大人：

節鉞揚威，圭璋覲寵。兒童迎候，郭細侯河内重臨；士庶歌呼，李贊皇浙西再任。丹墀〔二〕書接，喜動天顔。赤舃〔三〕朝回，蔚符公望。軍民額賀，寮寀心傾。弟猥绾戎旃，迭逢令節，年華虚擲，建樹無聞。幸轄疆均託敉平，部曲尚稱綏靖。冰淵時惕，愳〔四〕鰲戴之難勝；矩矱常頌，覺龍門之非遠。專馳寸啓，敬請台安。祇賀大喜，并頌節禧，統祈霽照不備。教弟頓首。

〔一〕卞寶第（一八二四—一八九三）：字頌臣，江蘇儀徵人，出生於揚州著名書香門第、名門望族的官宦之家，是東晋名相卞忠貞公之後。其父卞士雲進士出身，官至浙江巡撫，是第一次鴉片戰争中著名的主戰派官員。卞寶第咸豐元年中舉，入貲爲刑部主事，累遷郎中、浙江道監察御使、順天府尹、河南布政使、福建巡撫。光緒八年（一八八二），起湖南巡撫，署湖廣總督，法人侵越南，堅抗之。十一年，還湖南巡撫任。十四年，擢閩浙總督，兼管福建船政，『離閩二十年矣，重臨舊治，民歡躍羅，拜道旁額手稱慶』。十八年，以疾解職，次年病逝。卞寶第人生最輝煌時有『七印總督』之稱，著有《方岳采風録》《卞制軍政書》《閩峤輶軒録》《撫湘公牘》及《政書》各四卷，《疏稿》十二卷。見《清史稿》卷四百四十八，列傳二百三十五。

〔二〕丹墀：古代宫殿前的石階，用紅色涂飾，故名。

〔三〕舃：履也，古代對高檔鞋的尊稱。

〔四〕愳：古同『懼』。《晋書・元帝記》：『惡我者愳。』

程文炳賀荆州將軍祥立亭（詳亨）〔二〕函（七月二十五日）

鵲報南來，喜嘉音之下賁；蜺旌西上，聞吉座之允升。慶溢寅衷，歡臚子墨。茲際中秋，節屆恭
審，立亭仁兄將軍：
鐘鼎銘勳，簪纓篤祜。豹韜奏績，股肱心膂之臣；虎拜揚休，錫山土田之命。丹墀晝接，喜動天
顔。赤舄朝回，蔚孚公望，式瞻棨戟，莫罄軒鼚〔三〕。弟猥領戎符（云云同前稿至），專肅布復，敬請仁
安。虔頌節禧，伏祈愛照不宣。如弟頓首。
嫂夫人坤祉，并問閤署均安。

程文炳致荆州副都統瑞寶臣（瑞興）函（七月二十五日）

昨奉華牋，備承綺飾。浣薇三復，篆竹五中。茲際玉宇瀓（澄）空，銀河案户。敬維寶臣仁棣大人：
豹弢肅望，虎帳宣猷。棨戟香凝，佐三荆之重鎮；封圻襄晉，迓九陛之新恩。引睇鶯遷，傾心雀

〔二〕詳亨：應爲『祥亨』，即祥立亭。原檔目録括號中釋讀爲『詳亨』，誤。
〔三〕鼚：《集韻》抽良切。鼓聲，鼚乎鼓之，軒乎舞之。

足紓存注。冀免詧〔一〕尤，躍。兄漢陰從事，佳節頻逢。撫芳序之如流，慨修名之不立。所幸轄疆靖謐，部曲綏和。

專肅布復，祗請勳安，并頌節禧。不戩。如兄頓首。

弟夫人坤福，姪女吉祥。

再啓，敬再啓者：

承示荆州城守營右哨額外何桂芳等因敬悉。查該弁前補額外，至今尚未受札，既於拔補之例未符。而此次所出外委缺，又係本營本哨，格於成例，未便通融。既承雅命，謹爲標記，一俟有相當缺出，再量爲擢補，以副盛意，勿勞廑繫也。再請升安。如兄又頓首。

程文炳致江西九江總鎮朱春山〔二〕函（八月初七日）

春山仁兄大人麾下：

鷺堠遥通，魚緘交迓，每懷蘭契，時切葭思。兹當桂序秋清，柳營風静。敬維履祺篤祜，晋祉毓

〔一〕詧：同「詧」。
〔二〕朱春山：生卒年月及事迹待考。

（繁）釐。淑夏風流，雅稱潯陽之重鎮；宇文懿範，蔚爲江右之干城。鳳詔褒勳，璽書進衮，下風翹首，上頌傾心。

弟從事漢陰，迭逢令節。慨修名之不立，悵歲月之如流。重以本届大閲之期，正在重陽之際，躬爲部署，靡間昕宵。幸轄疆均託敉平，營伍差稱整飭。藉此隕越，足慰藎懷。

專肅寸啓，祗請台安。統惟霽照不盡。如弟頓首。

再啓，敬再啓者：

弟前在九江任内[一]，曾於光緒九年[二]奏請開缺回籍省親并葬兄一摺。原案稿件及西撫咨行各文件，以十餘年來屢經移徙，不知收置何處？一時無從檢尋。兹特專差官前往台端，伏求飭承，將此案全卷檢出抄録一册，交付來弁齎回，以備查照，曷勝感禱。

再，弟餌盧山白术，甚見功效。并求代購大而白堅實者數斤，統繳來弁順帶回襄。若目前未有佳

[一] 九江任内：程文炳同治十二年（一八七三）以記名提督爲江西九江鎮總兵官。光緒二年（一八七六）四月，因病奏請開缺調理，奉旨允准。兄程文尉卒，文炳素篤親友，聞噩悲泣，遂患目疾，回鄉養疴，并爲兄辦理喪事。見李興武《程文炳年譜》，黄山書社二〇一二年二月第一版。

[二] 曾於光緒九年：原信上述六字，因筆誤作者將其劃杠删除。因爲自光緒二年開缺回籍，次年程文炳首捐鉅貲佐袁保恒辦賑濟，并在家鄉回溜集等處設粥厰十三處，饑民得濟者數萬人。又次年，以皖北收養臨省饑民，資遣完竣，辦賑出力，朝廷賜於正一品封典。光緒七年，調任江西南贛鎮總兵官，駐軍泗縣，辦理長江江防。光緒九年，擢湖北提督等，這裏講的原本是光緒二年的事，故删除。見前《程文炳年譜》。

品，隨後覓購賜寄亦可。至盼至感，專此奉懇，再請勳安。弟又頓首。

程文炳致荆州將軍宗室祥立亭（祥亨）函（八月二十五日）

立亭仁兄將軍麾下：

前月肅復一椷，敂（叩）賀任喜，并祝節釐，計登簽閣。兹際香浮菊斝，恭維鼎祺駿茂，晋祉駢蕃，引睇喬輝，莫名忭頌。

弟守職漢南，居諸匙淑。近以大閱期届，整軍飭伍，昕夕靡遑。刻已將各營將弁介士調集來轅，簡料車徒，畧已完備。昨聞壽帥定以月之二十八日展輪啓（應爲啓）旆，西上荆門，計下月初旬當於執事把晤。江干太史書雲（云）：正應五百里德星之聚。側身南望，羨頌奚如。倘帥節前赴宜昌，應有數日展轉，約計程日何時可抵襄陽，尚求先期賜示一函，以免懸盼，尤所深幸。

專肅布肊，祇請台安。伏惟愛照不備。如弟頓首。

程文炳致荆州副都統瑞寶臣（瑞興）函（八月二十五日）

寶臣仁棣大人：

賜覽前月布復一緘，藉賀節禧，計呈英睞。兹際桂輪香滿，菊盞濃斟。敬維覆繶駢臻，鼎祺麇集。

式翘吉靄，莫罄歡忱。兄奉職漢南（云云同前稿）。如兄頓首。

程文炳上督部堂裕壽帥（裕禄）函（八月二十五日）

壽帥大公祖大人節下：

前奉大咨，恭審台旆定以月之二十八日啓行，西上荆門校閱。遥想八騶導引，萬姓欣瞻，令甲飆馳，威稜霜肅。揮雲鳥風蛇之陣，總鶡冠魚服之倫。律應金商，典隆獮狩。帝庸經武，公備宣勞。喜溢軍民，歡臚寮寀。傾心式仰，引領維虔。

從周守職漢陰，馳懷鼎座，近已調集各營將弁介士齊至襄陽，簡料車徒，悉以完備。謹遣下走賫，奉蕪函前叩行轅，恭聆訓示。屆期從周當於峴山左側祇候旌旗之至，藉申弩矢之驅。棨韄匪遥，瞻依倍切。專脩寸啓，恭請鈞安，敬迓光臨，伏祈垂鑒。治教弟頓首。謹肅。

再啓，敬再肅者：

前因襄陽東北鄉，聞有訛傳教匪約期滋事之耗〔一〕。居民聞風，懼而遷徙者頗不乏人。當遣將弁帶馬隊數十名，不動聲色，前往察查，昨已回城。據稱，寔因有何姓者，近以田房之故，致起鼠雀之争，

〔一〕耗：在此指壞的音信或消息。

無識之徒誤聽謡言，遂思移避。該將弁等已諭令各歸，安業如故，謡言亦漸息矣。恐遠地風傳，蓋懷垂念。敬以奉聞，再請勳安。從周又肅。

程文炳賀新授江蘇常鎮通海道[一]楊子通函

仁兄大人：

漢水搴裳，鴻儀遠企，峴山吹帽，驛信遥傳。驟聞吉語之便緐（繁），頓起私衷之欣躍。敬維子通榮膺簡命，觀察京江。領常潤之名都，聲高華裔；作江淮之巨鎮，氣肅金焦。即今頌滿南徐，巡風整俗；計日恩頒北闕，秉臬開藩。翘首鶯柯，傾心雀忭。

弟鹿門奉職，馬齒徒增。顧蔗境之鮮甘，等匏瓜之空繫。兹以時當九日，恰逢喜報三遷，聽風雨於鷄鳴，仰雲宵之鵬運。式歌且舞，愉快何勝！

專馳布肊，敬賀大喜。祗請台安，統惟朖督（察）不既。愚弟頓首。

[一] 常鎮通海道：清康熙十三年（一六七四）置江鎮道，駐鎮江府，領江宁府、鎮江府。二十一年（一六八二）增領常州府，江宁府另屬，更名常鎮道。乾隆六年（一七四一）通州來屬；三十三年（一七六八）增領海門廳，更名常鎮通海道。

程文炳復吴軍門儀堂[一]函

儀堂仁兄大人麾下：

昨奉手書，備承拳注，并蒙瓊瑶厚報，錫以海驌名駒。綴孫子之上乘，療王濟之馬癖，望風下拜，感謝難名。敬審威望秋高，勳禮日懋，引瞻棨戟，以頌以忻。

弟株守鹿門，毫無淑狀。兹以重陽節後，正當大閲之期，蒐承簡車，不遑安處。刻已調集營伍，静候帥節前臨。想邇日先驅，已在荆宜上下也。

夏間遣弁赴塞北購馬，計冬初可到。彼時當遴选駿良，擇優以送尊廐，用答嘉貺。第恐駑駘下駟，不足當伯樂之一顧耳。勇目于化龍容爲補馬隊口糧，以副尊命，并報。

專肅復請秋安，諸祈亮督（察）不備。愚弟頓首。

[一]吴儀堂（一八三三—一八九九）：名鳳柱，江蘇銅山縣崔寨吴莊村（今屬沛縣）人。出身貧寒，自幼習武，咸豐五年（一八五五）入江南義勇營統馬兵；八年，積功補千總；十年，賞加都司銜；十一年，以遊擊盡先補用，賞果勇巴魯圖名號。同治元年（一八六二），以參將盡先補用；五年，補副將；六年，以總兵記名簡放，賞换綳僧巴魯圖名號；七年，交軍機處記名，遇有提督缺出盡先簡放，并賞給正一品封典；九年十月，赴鄂駐防樊城。光緒五年（一八七九）十月，委署湖北提督；光緒十三年（一八八七）三月，接統升字中、左兩營，駐防漢口。光緒十五年（一八八九）三月，補授湖南綏靖鎮總兵。光緒十九年（一八九三）八月，補授湖北提督。光緒二十年（一八九五），奉命參加中日甲午之戰，在遼寧海城、牛莊一帶，先後與日軍血戰，身先士卒，前仆後繼，爲清廷授予『虎威將軍』。見秦國經等編著《清代官員履歷檔案全編》。

後記

對阜陽程文炳及潁東程氏家族的研究，起始於二〇〇二—二〇〇六年筆者主政阜陽市潁東區委工作期間。從發現程文炳宅院，申報市、省兩級重点文物保護單位入手，開始尋訪程文炳後裔，先後發現民國二十五年（一九三六）重修《潁東程氏支譜》一至四卷，以及程文炳將軍肖像、程恩培等兄弟五人和長孫程傳鑣稽雜謹述的《程文炳事略》附《程文炳遺摺》及兩道廷發龍紋《上諭》，光緒二年（一八七六）程文炳祖父程廷序墓碑、壽州白鶴山程文炳墓地等一系列地上文物和家乘志傳。歷史文獻方面，從《光緒朝硃批奏摺》、同光宣三朝《清實録》《清史稿》《清代官員履歷檔案全編》《翁同龢日記》《李鴻章全集》《張之洞全集》《曾國荃文集》《榮禄存札》、臺灣文獻叢刊之《清季外交史料選輯》《中法越南交涉檔》《淮軍電稿》《皖志列傳》等衆多館藏檔案文獻中，鈎沉出程文炳的奏摺、文稿、電報、信札、楹聯、履歷檔案、傳記及相關附録二十五萬餘字，在安徽省古籍整理出版辦公室的資助下，於二〇一〇年四月由黄山書社正式出版晚清稀見史料兩種《程文炳文集》《程恩培集》；二〇一二年二月又出版《程文炳年譜》。至此，由筆者整理點校編著的阜陽程氏三書發行全國，在安徽尤其在阜陽地區文史界引起强烈反響，一時間洛陽紙貴，促進了地方文史及鄉賢人物研究的蓬勃發展。

然而，在上述歷史文獻收集整理的過程中，程文炳書信手札的發現和整理依然是一個薄弱環節，而這種情況直到二〇一一年才迎來轉機，看到希望。這一年，由虞和平主編的《近代史所藏清代名人稿本抄本》第一輯由大象出版社公開出版發行。作者於二〇一二年公幹期間去南京圖書館查閱該書，發現其中有復（致）程文炳手札若干件。其前言内容顯示：該書共分三輯，共收録近代五十名人稿抄本，多屬手稿真迹，爲珍稀文獻資料，涵盖有清一代政治、經濟、軍事、文化、社會方方面面，程文炳檔在第三輯。第一輯共收録鄧廷楨等二十五人專集，第二輯爲張之洞專輯，第三輯共收録龔景瀚等二十四位檔主，程文炳排在第十一位。此時，第一輯剛剛出版發行，第二輯編輯整理開始起步，第三輯内容遥遥無期，而這一等，又將近十年。

其實，稿抄本第三輯早在二〇一七年年初就出版發行了，衹是因爲退休在家，消息閉塞；加之校点整理《李宗棠文集》六卷工程未竣；還有我與老伴二人相繼左腿摔傷，兩年多來相互照顧，多以休養爲主，無暇顧及程氏資料收集。直至二〇一九年年底，才得知網上已有第三輯高清電子版出售，於是迅速安排購置，如獲至寶。果然，一册在手，開卷有益，程文炳手札影印函件六十通計一百九十二頁，在塵封一百三十餘年之後，其真容終於展現在大家面前。這無疑是呈現給阜陽一千萬人民的一筆重要的歷史文化遺産，也是近代阜陽書法寶庫中熠熠生輝的一顆明珠。

阜陽潁東程文炳宅院自二〇〇五年被批准爲省級重点文物保護單位以來，前後投資六百餘萬元進行了三期工程的修復，整體建築接近歷史原貌，於二〇一九年再次被批准爲包括程恩培故居在内的雙省級重点文物保護單位，并在此基礎上啓動了國家級重点文物保護單位的申辦程序。機緣巧合的是，程文炳這批手札信稿的發現，不但爲提升程文炳宅院的歷史文化内涵增添了濃墨重彩的一筆，而且爲將來成功申報國寶級重点文物保護單位也增加了一顆重量級砝碼。正是出於這種考慮，在與潁東區政府有關部門及相關人士達成廣泛共識的基礎之上，《程文炳手札釋文箋注》一書，亦稱爲阜陽程氏第四書的整理編著工作最終被提到議事日程。

時間很快到了二〇二〇年春節，在這樣一個特殊的日子裏，新冠肺炎疫情肆虐，封城封路封小區，户自爲戰，人人自守。這個看似緊張的環境，雖然使很多人足不出户，待在家中；但爲閉門造車、讀書寫作的人提供了一個無人干擾，没有應酬，相對安静的空間。就這樣，筆者展卷觀賞，研讀結合，夜以繼日，伏案電腦桌前，從學習打字入手，邊學邊練，由生到熟，連續奮戰兩個多月，最終完成了程文炳手札的釋文箋注和相關内容的整理校勘工作。

釋文箋注主要包擴以下幾個方面：一是用楷書考釋行草，把手札信函按原文解讀出來。由於手札用行草書寫，有個别草書字體個性很强，不易辨認，好在有幾位書法家朋友，幫助解决了其中的一些問題。二是信函中包括函主在内，涉及相關歷史人物五十多位，有些職務較高的歷史名人如壽州狀元孫家鼐等資料丰富，便於注釋；有些官階較低人士知名度不高，受歷史局限，生平資料一時難以盡查，衹能暫時存疑；有些可能就永遠停留在程氏的信函裏，其生平事迹泯滅在歷史的塵埃裏，衹知其名，不知所蹤了。三是信函中涉及的一些重大歷史事件需要注釋，重要的用典、特殊的用詞、用字等亦需要箋注。四是一百三十多年以前，程文炳手札信稿用行草字體寫成，今天整理注釋這部手稿，當然首先要遵重原著，但也要遵循現行的古籍整理標準，按竪排繁體的方式進行編緝出版。同時需要説明的是，由於作者的認知水平有限，該書也可能存在應注未注，或注釋、標點欠妥之處，敬請方家不吝賜教，提出批評意見。

值此《程文炳手札釋文箋注》即將付梓出版之際，再次向爲本書編輯出版提供指導和支持的黄山書社、潁東區文化體旅遊局長李景波、副局長王亞軍等諸同志，安慶師範大學文學和歷史學院古典文學博士、書法家熊言安副教授等表示衷心的感謝！

李興武

二〇二〇年三月十六日